DISCLAIMER

The author and publisher are providing this book and its contents on an "as is" basis and make no representations or warranties of any kind with respect to this book or its contents. The author and publisher disclaim all such representations and warranties, including but not limited to warranties of merchantability. In addition, the author and publisher do not represent or warrant that the information accessible via this book is accurate, complete, or current.

Except as specifically stated in this book, neither the author nor publisher, nor any authors, contributors, or other representatives will be liable for damages arising out of or in connection with the use of this book. This is a comprehensive limitation of liability that applies to all damages of any kind, including (without limitation) compensatory; direct, indirect, or consequential damages; loss of data, income, or profit; loss of or damage to property; and claims of third parties.

BESTACTIVITYBOOKS.COM

FIRST EDITION - Published 2022

Extra Graphic Material From: www.freepik.com
Thanks to: Alekksall, Starline, Pch.vector, Rawpixel.com, Vectorpocket, Dgim-studio, Upklyak, Macrovector, Stockgiu, Pikisuperstar & Freepik.com Designers

GET
YOUR
BONUS
FREE
CODE: WSBONUS20

5 TIPS TO START!

1) HOW TO SOLVE

The Puzzles are in a Classic Format:

- Words are hidden without breaks (no spaces, dashes, ...)
- Orientation: Forward & Backward, Up & Down or in Diagonal (can be in both directions)
- Words can overlap or cross each other

2) ACTIVE LEARNING

To encourage learning actively, a space is provided next to each word to write down the translation. The **DICTIONARY** allows you to verify and expand your knowledge. You can look up and write down each translation, find the words in the Puzzle then add them to your vocabulary!

3) TAG YOUR WORDS

Have you tried using a tag system? For example, you could mark the words which have been difficult to find with a cross, the ones you loved with a star, new words with a triangle, rare words with a diamond and so on...

4) ORGANIZE YOUR LEARNING

We also offer a convenient **NOTEBOOK** at the end of this edition. Whether on vacation, travelling or at home, you can easily organize your new knowledge without needing a second notebook!

5) FINISHED?

Go to the bonus section: **MONSTER CHALLENGE** to find a free game offered at the end of this edition!

Want more fun and learning activities? It's **Fast and Simple!**
An entire Game Book Collection just **one click away!**

Find your next challenge at:

BestActivityBooks.com/MyNextWordSearch

Ready, Set... Go!

Did you know there are around 7,000 different languages in the world? Words are precious.

We love languages and have been working hard to make the highest quality books for you. Our ingredients?

A selection of indispensable learning themes, three big slices of fun, then we add a spoonful of difficult words and a pinch of rare ones. We serve them up with care and a maximum of delight so you can solve the best word games and have fun learning!

Your feedback is essential. You can be an active participant in the success of this book by leaving us a review. Tell us what you liked most in this edition!

Here is a short link which will take you to your order page.

BestBooksActivity.com/Review50

Thanks for your help and enjoy the Game!

Linguas Classics Team

1 - Antiques

І	Н	В	Е	С	Т	И	Ц	І	Ї	Л	Ч	Б	Ж	Є	У
Б	І	С	Ь	Н	Е	З	В	И	Ч	А	Й	Н	І	Х	Л
Ц	О	В	Т	Ц	Е	Т	С	И	М	Л	Е	Щ	Б	Я	С
Ш	Л	О	С	И	Е	Л	Е	Г	А	Н	Т	Н	И	Й	К
Є	Р	К	І	Я	Л	Н	О	І	Ц	К	У	А	Т	Ґ	У
Я	Ф	Г	К	Т	Л	Ь	Я	Ь	С	І	Л	Б	Е	М	Л
Д	Е	С	Я	Т	И	Л	І	Т	Т	Я	Н	Х	Н	І	Ь
С	Ц	И	Г	І	К	Ґ	Ц	Т	Я	Д	Я	А	О	Н	П
Т	І	Ь	К	Л	І	У	А	Ш	Ґ	Ф	Я	И	М	Ж	Т
А	Н	Е	М	О	В	Н	Р	У	Г	Є	Ф	О	Ч	В	У
Р	Н	Ч	А	Т	Л	Ц	В	О	Г	А	Ч	Д	Б	А	Р
И	І	Л	Х	С	М	Ш	А	Ц	І	Б	Л	Щ	М	Р	А
Й	С	Ж	І	Н	В	И	Т	А	Р	О	К	Е	Д	П	Ю
О	Т	Д	К	Ш	Х	Ф	С	Ч	И	В	Х	А	Р	С	А
П	Ь	Г	Т	Ц	Ґ	О	Е	В	О	Ж	В	Г	Ш	Е	С
С	О	Х	Б	Б	Ю	Б	Р	О	Т	К	Е	Л	О	К	Я

МИСТЕЦТВО
АУКЦІОН
СПРАВЖНІМ
СТОЛІТТЯ
МОНЕТИ
КОЛЕКТОР
ДЕСЯТИЛІТТЯ
ДЕКОРАТИВНІ
ЕЛЕГАНТНИЙ
МЕБЛІ
ГАЛЕРЕЯ
ІНВЕСТИЦІЇ
СТАРИЙ
ЦІНА
ЯКІСТЬ
РЕСТАВРАЦІЯ
СКУЛЬПТУРА
СТИЛЬ
НЕЗВИЧАЙНІ
ЦІННІСТЬ

2 - Food #1

И	О	С	Ц	Х	О	С	Р	І	П	А	Ш	А	Л	Ц	П
Р	Я	Е	У	С	Є	А	І	Д	Г	О	Ю	Б	Б	И	Ю
О	Е	Ґ	В	П	Д	Л	П	Т	Я	Х	Г	Р	Ь	Б	Ч
А	Р	А	Х	І	С	А	Є	Ш	І	Ж	Л	И	Ю	У	Ч
Ь	Е	Ч	В	Р	Я	Т	К	І	С	Т	Ь	К	А	Л	П
Б	У	Я	Ф	К	Ц	В	Н	О	М	И	Л	О	К	Я	Є
Т	О	Ж	Ч	Т	И	Г	І	Ц	Р	І	І	С	Є	А	К
М	Я	Ч	М	І	Н	Ь	С	Ґ	О	И	С	Л	К	Х	М
Є	О	Р	Г	Ч	У	Ш	Ц	Г	К	Ц	Ц	Д	Ш	М	О
Ф	О	Л	Ж	Н	Л	В	Ф	Ч	У	Т	С	Я	Щ	Б	Р
Ю	К	Е	О	О	О	Ц	Ю	Ь	Ц	Е	Н	У	Т	С	К
Ь	Б	О	Ф	К	П	Є	М	Н	Х	Ь	Л	И	С	А	В
Я	И	Л	А	К	О	С	У	Ш	Г	Р	У	Ш	А	Ю	А
Ч	А	С	Н	И	К	Р	І	К	В	Г	Н	Х	І	Є	М
У	Л	Ц	Я	Д	В	Е	Х	Я	Ю	Ґ	Ш	И	Ґ	Ф	Ш
Т	Ь	Ш	П	И	Н	А	Т	Ю	В	М	Д	О	И	Н	А

АБРИКОС
ЯЧМІНЬ
ВАСИЛЬ
МОРКВА
КОРИЦЯ
ЧАСНИК
СІК
ЛИМОН
МОЛОКО
ЦИБУЛЯ

АРАХІС
ГРУША
САЛАТ
СІЛЬ
СУП
ШПИНАТ
ПОЛУНИЦЯ
ЦУКОР
ТУНЕЦЬ
РІПА

3 - Measurements

У	Ґ	Ц	У	Н	Р	Ю	Д	Ю	У	А	Ґ	У	Ж	С	Д
І	Н	Щ	Г	Щ	В	М	У	Т	Н	У	О	Ь	У	Т	Е
А	Т	Ц	К	І	Л	О	Г	Р	А	М	Т	Ш	Д	У	С
Ц	Д	В	І	Я	Л	І	Ж	Ч	Ч	Ч	К	Н	Н	П	Я
І	Р	Л	Щ	Я	Г	Л	И	Б	И	Н	А	Ь	Ш	І	Т
А	С	А	М	Д	О	Щ	У	Ж	Ф	Ф	Л	І	Д	Н	К
Г	Ю	Т	Ф	Е	А	Д	А	А	Ш	С	Щ	Ч	Ю	Ь	О
А	М	Я	Ч	Р	Т	Е	М	И	Т	Н	А	С	Й	Ш	В
В	И	Є	Щ	Т	Й	Р	Д	Д	И	И	Ш	О	М	И	И
Г	Р	А	М	І	А	Т	А	Т	О	С	И	В	И	Р	Й
Я	Б	Ш	П	Л	Б	Е	И	К	Ф	В	Е	М	Щ	И	Х
Я	И	Д	Ч	Ь	Т	М	Ш	Б	Ю	Ж	Ж	Ґ	М	Н	Е
Є	Ч	Г	Ч	Щ	О	О	Ф	С	И	М	Л	И	У	А	Ш
О	Б	С	Я	Г	Н	Л	Є	М	Я	Є	П	Р	Н	В	А
Г	Т	Ю	Ґ	Ж	Н	І	Ь	Х	Ж	Ґ	Щ	У	И	А	Ю
К	Ю	Б	Ь	А	А	К	Х	В	И	Л	И	Н	А	Х	Ц

БАЙТ
САНТИМЕТР
ДЕСЯТКОВИЙ
СТУПІНЬ
ГЛИБИНА
ГРАМ
ВИСОТА
ДЮЙМ
КІЛОГРАМ
КІЛОМЕТР
ДОВЖИНА
ЛІТР
МАСА
МЕТР
ХВИЛИНА
УНЦІЯ
ТОННА
ОБСЯГ
ВАГА
ШИРИНА

4 - Farm #2

Ф	К	Ф	Ш	М	Ф	М	О	Л	О	К	О	Ф	П	Ф	П
Б	Ю	А	Р	О	Р	А	С	І	Ї	Ж	А	Е	Ш	Р	А
К	Б	С	О	Д	У	Е	Х	І	Я	Ч	Ґ	С	Е	У	С
А	І	Т	Ж	П	К	Ч	І	Ш	Т	Т	К	Ф	Н	К	Т
Ч	Щ	А	Ф	К	Т	Т	Р	А	К	Т	О	Р	И	Т	У
К	Д	Ч	Я	Ч	О	В	О	Т	Я	Н	Г	Я	Ц	Н	Х
А	Ж	В	Я	Ц	В	І	В	В	В	Ч	П	Б	Я	Ч	Д
К	Б	К	Л	Е	И	Ю	Н	Щ	Ш	А	М	Л	У	М	Х
Л	У	В	У	И	Й	Л	Ф	Щ	Ч	І	Р	І	Я	Ч	Т
Ь	С	К	Г	І	С	А	Х	С	В	Ґ	Е	И	Н	В	Л
Б	Г	Ж	У	Е	А	М	И	Ч	І	Р	М	Г	Н	Ь	Щ
Ц	Л	Ч	К	Р	Д	А	М	І	Т	Є	Р	Ь	Е	У	Р
О	Я	У	Ч	Е	У	Ю	И	Х	Р	М	Е	Т	Ш	А	Ц
Н	Е	Б	И	Е	А	Д	И	И	Я	Ч	Ф	Я	О	П	Ґ
Е	Щ	Ґ	Ґ	Ф	Н	Л	З	Ш	К	А	И	Д	Р	Д	Х
Б	И	И	Д	Щ	Я	Ь	Й	А	Р	А	С	А	З	Ґ	Є

ТВАРИН
ЯЧМІНЬ
САРАЙ
КУКУРУДЗА
КАЧКА
ФЕРМЕР
ЇЖА
ФРУКТ
ЗРОШЕННЯ
ЯГНЯ
ЛАМА
ЛУГ
МОЛОКО
ФРУКТОВИЙ САД
ВІВЦЯ
ПАСТУХ
ТРАКТОР
ОВОЧ
ПШЕНИЦЯ
ВІТРЯК

5 - Books

І	О	Н	Р	Й	Я	Й	К	О	Л	Е	К	Ц	І	Я	Г
С	П	Г	Щ	И	І	И	Я	Е	У	У	Я	Г	Ч	Ж	У
Т	О	Х	А	Н	З	Н	А	М	О	Р	О	К	И	Н	М
О	В	Щ	П	Р	Е	Ч	Д	О	Д	Ґ	Е	Ш	Т	А	О
Р	І	Б	П	У	О	І	І	І	П	Б	Х	У	А	П	Р
І	Д	Н	У	Т	П	Г	С	А	В	Т	О	Р	Ч	И	И
Я	А	Ж	Д	А	Ф	А	Т	П	С	О	Т	А	П	С	С
П	Ч	С	И	Р	П	Р	О	С	Р	Е	П	Е	Я	А	Т
Е	П	О	П	Е	Ї	Т	Р	Т	Г	И	Р	Д	Л	Н	И
І	І	А	Д	Т	О	С	И	О	К	Ґ	Г	І	І	А	Ч
Б	М	Л	С	І	А	К	Ч	Р	Ж	Д	И	О	Я	В	Н
А	А	Д	Ц	Л	П	Е	Н	І	И	Х	Я	Т	Д	Ь	И
Ж	И	Н	Я	О	Ш	Т	И	Н	Т	К	Р	Е	В	А	Й
М	Л	Ч	Я	Є	Ю	Н	Й	К	К	Ш	В	Д	І	Д	Ц
М	В	Я	Є	Е	И	О	І	А	Б	С	Щ	Т	Р	Ж	У
У	Ч	Ц	У	Р	Щ	К	Н	Г	У	С	П	Ш	Ш	Щ	Б

ПРИГОДА
АВТОР
КОЛЕКЦІЯ
КОНТЕКСТ
ЕПОПЕЇ
ІСТОРИЧНИЙ
ГУМОРИСТИЧНИЙ
ЛІТЕРАТУРНИЙ
ОПОВІДАЧ
РОМАН
СТОРІНКА
ВІРШ
ПОЕЗІЯ
ЧИТАЧ
ВІДПОВІДНІ
СЕРІЯ
ІСТОРІЯ
ТРАГІЧНИЙ
НАПИСАНА

6 - Meditation

Д	Е	Ґ	М	Я	Р	П	П	В	Є	Н	В	Ш	П	З	Ш
Р	П	Щ	У	С	О	Ч	Р	Е	М	О	Ц	І	Ї	В	С
Д	У	Ж	З	Н	З	Ш	П	И	К	Г	Б	А	Є	И	П
И	О	Х	И	І	У	М	Ж	С	Й	Щ	В	П	І	Ч	О
Х	П	Д	К	С	М	И	Ц	П	Н	Н	Л	У	Ц	К	К
А	Є	О	А	Т	И	Р	С	І	Є	Ю	Я	Л	О	И	І
Н	К	Б	Ш	Ь	М	М	Щ	В	Ч	Ц	С	Т	Р	Є	Й
Н	Ф	Р	И	Ю	Т	Х	Р	Ч	Т	Є	И	Я	Т	Ш	Н
Я	Л	О	Т	Р	Ґ	И	О	У	Л	К	Т	Н	С	Я	И
Б	Ш	Т	Р	Є	Е	Р	З	Т	Р	И	У	К	Ґ	С	Й
Б	А	А	К	Щ	Л	Ь	У	Т	Щ	Ь	Н	О	Ф	Є	Т
А	О	Г	Ч	Ж	Л	А	М	Я	Ю	Б	И	А	Ґ	Н	Ь
П	Ь	І	А	К	Я	Д	О	П	Ц	О	К	Е	К	У	Б
К	Ш	Ц	П	В	Ь	Е	В	Ч	А	Д	О	Р	И	Р	П
Д	У	М	К	И	У	Б	И	Ґ	Ш	П	Р	К	Е	С	Ч
Л	Г	М	Ґ	Ф	Ш	А	Й	С	П	Л	П	Б	Ґ	Я	Г

ПРИЙНЯТТЯ
УВАГА
ПРОКИНУТИСЯ
ДИХАННЯ
СПОКІЙНИЙ
ЯСНІСТЬ
СПІВЧУТТЯ
ЕМОЦІЇ
ПОДЯКА
ЗВИЧКИ
ДОБРОТА
РОЗУМОВИЙ
РОЗУМ
РУХ
МУЗИКА
ПРИРОДА
МИР
ТИША
ДУМКИ

7 - Days and Months

Л	К	О	С	А	Ш	П	Б	Л	Щ	С	Н	Р	Р	С	С
К	О	Л	І	Д	Е	Н	О	П	Е	Л	У	Ф	О	П	Г
І	Р	И	Ч	Е	Й	И	Ж	У	П	И	Н	Б	У	Ь	У
Р	О	Н	Е	Р	И	К	О	У	Я	С	Е	Я	О	Ф	С
Ч	Т	Ь	Н	Е	Т	І	В	К	Т	Т	Д	Б	Є	Т	Ш
Є	В	Н	Ь	С	Ю	І	Т	Ш	Н	О	І	А	Е	В	А
Т	І	Е	К	Н	Л	И	Е	І	И	П	Л	Є	Е	М	А
И	В	П	А	Х	Е	Ч	Н	Д	Ц	А	Я	Ш	О	Щ	Л
Ж	М	И	Л	С	Л	С	Ь	Є	Я	Д	Щ	Є	Ц	Л	Ж
Д	І	Л	Е	Д	Ь	Щ	Е	Б	Е	Р	Е	З	Е	Н	Ь
Е	С	В	Н	Ч	Х	Е	Ц	Р	П	Ю	Є	Ж	Я	Є	Д
Н	Я	В	Д	Ф	Е	Х	М	Ш	Е	Р	Ж	І	Я	О	Ж
Ь	Ц	А	А	У	И	Т	Д	Л	Ф	В	Ґ	С	Ф	Ц	Ж
Щ	Ь	Ш	Р	Ц	Н	Е	В	С	Е	Р	П	Е	Н	Ь	Р
К	Ф	У	Ж	С	С	Р	Л	Е	Л	И	Х	В	Ґ	Ґ	Я
М	Ю	П	О	Ґ	П	О	Ь	Є	Р	Х	Ь	Ц	Ю	Х	Ь

КВІТЕНЬ
СЕРПЕНЬ
КАЛЕНДАР
ЛЮТИЙ
П'ЯТНИЦЯ
СІЧЕНЬ
ЛИПЕНЬ
БЕРЕЗЕНЬ
ПОНЕДІЛОК
МІСЯЦЬ
ЛИСТОПАД
ЖОВТЕНЬ
СУБОТА
ВЕРЕСЕНЬ
НЕДІЛЯ
ЧЕТВЕР
ВІВТОРОК
СЕРЕДА
ТИЖДЕНЬ
РІК

8 - Energy

Р	О	Я	Н	Н	Е	Н	Д	У	Р	Б	А	З	Б	У	П
Б	Є	Щ	Р	Ч	М	Д	В	И	Г	У	Н	Е	А	Ґ	О
Л	Е	Щ	И	В	О	Д	Е	Р	Е	С	І	Ґ	Т	Б	Н
Л	Л	Н	С	А	Т	Ь	П	А	І	Ц	Б	Л	А	Л	О
А	Ж	Т	З	Ь	О	І	Я	Ж	Г	Ь	Р	І	Р	Д	В
Й	И	Н	Ч	И	Р	Т	К	Е	Л	Е	У	Г	Е	У	Л
У	Я	Є	І	С	Н	І	П	Н	Е	Ч	Т	Ф	Я	Т	Ю
П	А	Л	И	В	О	И	В	У	Г	Л	Е	Ц	Ь	Е	В
Я	Е	І	Т	С	О	В	О	Л	С	И	М	О	Р	П	А
Д	Л	Ц	В	Є	Ж	В	І	Ф	Е	А	С	І	Ш	Л	Н
Е	Е	К	Ф	Т	Л	У	Х	Ц	Л	У	А	Ф	І	О	И
Р	К	Р	Р	Ч	А	Ю	Щ	Ь	І	А	Б	Ц	Ф	Р	Х
Н	Т	Щ	И	А	Ґ	Т	Я	Т	А	І	С	Ю	О	Г	Ч
И	Р	Е	Т	І	В	К	А	Я	І	П	О	Р	Т	Н	Е
Й	О	А	Е	В	Х	І	Ж	Х	Г	С	С	К	О	Б	И
І	Н	Д	И	З	Е	Л	Ь	Н	Е	Д	О	В	Н	Ґ	Н

БАТАРЕЯ
ВУГЛЕЦЬ
ДИЗЕЛЬ
ЕЛЕКТРИЧНИЙ
ЕЛЕКТРОН
ДВИГУН
ЕНТРОПІЯ
СЕРЕДОВИЩЕ
ПАЛИВО
БЕНЗИН
ТЕПЛО
ВОДЕНЬ
ПРОМИСЛОВОСТІ
МОТОР
ЯДЕРНИЙ
ФОТОН
ЗАБРУДНЕННЯ
ПОНОВЛЮВАНИХ
ТУРБІНА
ВІТЕР

9 - Archeology

Т	Ь	П	Е	Я	Ю	Ф	Х	Б	С	Ш	Н	Н	Ц	Б	Ц
К	А	Ь	Р	Ж	И	Г	Т	Р	О	Ц	І	Н	К	А	Р
Ю	Д	Є	Ж	О	У	Ц	О	И	А	К	Д	А	Щ	А	Н
Т	Н	З	М	Б	Ф	Ґ	Ч	Ц	Р	М	Б	Ч	Щ	Н	Г
В	А	А	Н	Н	Є	Е	С	О	Е	Е	О	С	К	Ю	Ь
Ф	М	Б	Е	Ж	И	В	С	Г	Л	Д	У	Д	Л	А	К
Р	О	У	В	О	К	Ц	Б	О	Ь	К	І	С	Т	К	И
А	К	Т	І	С	В	М	Я	Т	Р	Е	П	С	К	Е	О
Г	И	И	Д	У	О	П	І	В	И	К	О	П	Н	И	Й
М	Н	Й	О	Ш	Н	Є	В	Ф	Б	Я	У	Т	А	О	Н
Е	Д	О	М	Л	С	Л	К	Ш	Г	Ю	Р	Ш	Н	О	Н
Н	І	Х	И	Ф	И	Ф	І	О	Б	Є	К	Т	А	Б	Ш
Т	Л	Р	Й	Є	В	А	Л	И	Г	О	М	Ч	Л	Я	Ф
И	С	Ґ	К	Ш	Є	Ч	Е	О	Х	П	Е	И	І	У	Х
П	О	Ц	П	Ґ	П	О	Р	Н	Ч	У	И	Ю	З	Р	Х
О	Д	Ц	И	В	І	Л	І	З	А	Ц	І	Я	Ж	М	Я

АНАЛІЗ
КІСТКИ
ЦИВІЛІЗАЦІЯ
НАЩАДКА
ЕРА
ОЦІНКА
ЕКСПЕРТ
ВИСНОВКИ
ЗАБУТИЙ
ВИКОПНИЙ
ФРАГМЕНТИ
ТАЄМНИЦЯ
ОБ'ЄКТ
ПРОФЕСОР
РЕЛІКВІЯ
ДОСЛІДНИК
КОМАНДА
ХРАМ
МОГИЛА
НЕВІДОМИЙ

10 - Food #2

П	Ш	Е	Н	И	Ц	Я	Г	П	Т	Ь	А	Г	Н	І	С
У	Щ	И	Ь	Л	Л	Ь	І	К	В	Х	Е	Є	Я	В	Р
А	К	Р	У	К	Е	Щ	Щ	Є	У	Ш	Г	М	Ф	С	Є
Р	Р	К	Ц	Щ	С	В	В	Р	Д	О	Я	Й	Ц	Е	В
Е	И	Т	П	С	І	Ч	Б	Ч	Г	К	Щ	Ш	Є	Т	Ц
Л	С	Е	И	Б	У	Р	И	Б	А	О	Н	А	Т	Л	Ц
Е	К	О	Ю	Ш	Б	А	Н	А	Н	Л	Є	С	Х	О	Я
С	І	Ґ	І	Л	О	К	О	Р	Б	А	Н	Х	Ж	Г	П
Т	С	Т	Л	П	Л	К	К	Г	Р	Д	В	Ж	Я	Ґ	О
П	Ґ	Є	С	І	Н	Г	М	Ц	Р	П	Ф	А	Б	Л	М
О	Ю	Н	Е	Є	В	И	Ш	Н	Я	И	У	Ю	Л	Г	І
Ш	О	Ж	М	А	Щ	П	Х	Д	С	Ч	Б	К	У	Ґ	Д
Х	И	Й	О	Г	У	Р	Т	Щ	Ч	Р	Ж	І	К	Ш	О
Х	Д	Н	А	Ж	А	Л	К	А	Б	И	Ч	В	О	Ю	Р
Ц	П	І	К	А	Ю	Л	А	О	Щ	С	Ґ	І	И	Щ	Л
И	Ф	Я	Д	А	Р	Г	О	Н	И	В	Б	Ю	Л	Ф	Б

ЯБЛУКО
АРТИШОК
БАНАН
БРОКОЛІ
СЕЛЕРА
СИР
ВИШНЯ
КУРКА
ШОКОЛАД
ЯЙЦЕ

БАКЛАЖАН
РИБА
ВИНОГРАД
ШИНКА
КІВІ
ГРИБ
РИС
ПОМІДОР
ПШЕНИЦЯ
ЙОГУРТ

11 - Chemistry

К	Ш	У	Б	У	Р	Ю	Т	Д	П	Л	Ф	Ґ	Т	Я	К
Д	А	Ж	С	Т	Є	Н	Д	Е	Х	Г	Є	І	Е	Д	Р
Ф	Л	Т	И	Д	Ф	Є	Щ	Л	П	У	Щ	Г	М	Е	Ґ
У	У	Ґ	А	М	Й	И	Н	Ж	У	Л	С	А	П	Р	Ю
Щ	К	Р	Г	Л	К	И	С	Е	Н	Ь	О	З	Е	Н	Ф
Ц	Е	І	О	О	І	П	Е	Ь	Ь	Л	Р	Л	Р	И	О
Б	Л	Е	Д	Ф	Ш	З	Й	И	Н	М	О	Т	А	Й	Ь
К	О	Є	Л	Є	Ю	С	А	Р	Е	Ь	Л	Н	Т	В	Т
И	М	Е	Д	Е	Н	Т	Ж	Т	Д	У	Х	Е	У	Г	Я
С	В	А	Г	А	К	Г	Ґ	Л	О	Ц	П	М	Р	Н	Р
Л	Є	В	А	Ф	Х	Т	Д	Я	В	Р	П	Р	А	Ґ	І
О	Щ	К	Н	Е	Х	С	Р	В	У	Г	Л	Е	Ц	Ь	Д
Т	С	Ґ	О	Х	Ф	Е	О	О	Н	Я	Т	Ф	Г	Л	И
А	У	Ц	Н	Й	И	Н	Ч	І	Н	А	Г	Р	О	І	Н
Д	В	Ь	Ю	Ю	Ґ	О	Я	Ю	Ш	Е	В	Ь	Щ	С	А
І	Т	Щ	У	Г	И	І	Ж	Н	Д	А	Ш	О	Х	Е	Р

КИСЛОТА
ЛУЖНИЙ
АТОМНИЙ
ВУГЛЕЦЬ
КАТАЛІЗАТОР
ХЛОР
ЕЛЕКТРОН
ФЕРМЕНТ
ГАЗ
ТЕПЛО
ВОДЕНЬ
ІОН
РІДИНА
МОЛЕКУЛА
ЯДЕРНИЙ
ОРГАНІЧНИЙ
КИСЕНЬ
СІЛЬ
ТЕМПЕРАТУРА
ВАГА

12 - Music

Ґ	И	Р	М	У	З	И	Ч	Н	И	Й	М	Щ	Б	В	В
Д	Й	И	Н	Ч	И	С	А	Л	К	А	В	І	П	С	Ґ
О	Т	Т	О	Л	М	Ш	Е	Ю	Е	П	І	Д	Ь	И	К
Я	И	М	Ф	І	У	Ц	П	Ж	Ч	Д	Ж	П	М	П	Л
І	Я	І	О	Р	З	Ш	Я	О	П	Б	Ю	Х	Б	А	Р
Н	Я	Ю	Р	И	И	С	П	І	В	А	Т	И	О	З	И
О	Х	Л	К	Ч	К	І	В	Ґ	Ч	К	Л	Н	Ґ	Р	Т
М	П	К	І	Н	А	Я	О	Ц	М	И	Є	Й	Х	А	М
Р	Е	Е	М	И	Н	И	К	Р	Н	Т	А	І	Л	Л	І
А	И	Л	Р	Й	Т	Ю	А	Т	В	К	Х	Н	И	Ь	Ч
Г	С	Д	О	А	С	Ь	Л	Є	Ч	Е	Е	О	Р	Б	Н
Я	Ц	У	Г	Д	Е	Ж	Ь	Д	Є	Л	Ж	М	Я	О	И
Т	О	Ю	Л	А	І	Ч	Н	Ц	Н	К	Н	Р	Л	М	Й
В	Д	Е	А	Л	Н	Я	И	К	Ц	Е	Ф	А	Ф	Ж	Х
П	К	С	Є	А	Х	М	Й	Х	Д	Ж	О	Г	Я	В	Х
Н	П	Т	Ч	Б	П	О	Е	Т	И	Ч	Н	И	Й	Л	Н

АЛЬБОМ
БАЛАДА
ХОР
КЛАСИЧНИЙ
ЕКЛЕКТИКА
ГАРМОНІЙНИХ
ГАРМОНІЯ
ЛІРИЧНИЙ
МЕЛОДІЯ
МІКРОФОН
МУЗИЧНИЙ
МУЗИКАНТ
ОПЕРА
ПОЕТИЧНИЙ
ЗАПИС
РИТМ
РИТМІЧНИЙ
СПІВАТИ
СПІВАК
ВОКАЛЬНИЙ

13 - Family

Я	П	А	Н	И	Ж	У	Р	Д	І	Д	М	Н	Ц	П	М
І	Т	М	В	В	В	Е	Д	И	Х	Я	Т	Ь	Ь	Л	А
Е	Б	Є	У	Ь	Ф	К	И	Т	І	Д	Т	Т	Т	Е	Т
Д	И	Т	И	Н	А	Ж	И	И	П	Ь	Б	Ь	І	М	Е
К	Ц	Т	Т	Я	Ґ	Ь	У	Н	Р	К	Ш	К	Ґ	І	Р
К	К	Ш	А	У	Є	Ж	П	С	Н	О	Ь	А	Ь	Н	И
Б	Х	І	Щ	М	Б	Л	Є	Т	Е	І	Т	Ь	Х	Н	Н
Ю	Ц	О	М	Ч	Ф	Ф	Т	В	З	Д	М	С	Ґ	И	С
Б	Р	Т	І	Т	К	А	Х	О	У	О	Ж	Е	В	Ц	Ь
У	Р	Ж	А	П	Р	Е	Д	О	К	Ч	И	С	Л	Я	К
И	Е	А	Ґ	Д	Г	Ш	Є	К	І	К	У	Т	В	П	И
Н	Ь	Г	Т	І	Ч	Н	Ц	Ь	В	А	Г	Р	С	Ю	Й
Ш	Е	О	Ж	Ь	Л	Л	Ь	Т	О	Д	К	А	Ш	С	Е
Я	Л	Н	И	М	Щ	Н	Х	А	Л	М	Х	У	В	Ь	Б
О	Х	У	Щ	В	В	М	Т	Б	О	Ц	Л	Ч	Т	Ш	Н
Х	Ж	К	Т	В	О	Д	Р	Х	Ч	Я	Е	А	Р	Т	Е

ПРЕДОК
ТІТКА
БРАТ
ДИТИНА
ДИТИНСТВО
ДІТИ
КУЗЕН
ДОЧКА
БАТЬКО
ОНУК
ДІД
ЧОЛОВІК
МАТЕРИНСЬКИЙ
МАТИ
ПЛЕМІННИК
ПЛЕМІННИЦЯ
СЕСТРА
ДЯДЬКО
ДРУЖИНА

14 - Farm #1

З	У	Б	Р	Я	Ю	К	Т	Б	Ґ	П	О	Ц	Ч	Ц	Ґ
Ч	П	Л	Н	Д	Ч	П	Я	Д	М	М	Т	Ь	А	Н	Е
Є	К	В	О	Р	О	Н	А	Ж	Р	Е	Л	Б	Р	П	Х
С	У	Ч	Н	Я	А	А	Р	О	Е	Г	Д	Ж	У	А	Е
М	І	С	І	Т	И	К	Г	Л	М	Е	К	О	З	А	Д
Ю	Г	Ц	С	Т	Б	Р	З	А	И	Щ	Е	У	Щ	К	Ц
Є	П	Л	Ь	О	Ш	А	В	О	Р	О	К	Е	Л	Р	Ц
А	Щ	Р	Ц	Ш	Ь	П	Х	К	У	Д	Є	Ф	К	У	Г
В	Г	Ш	Р	С	И	И	Ґ	О	С	Е	Л	К	У	К	Є
К	П	О	Л	Е	Т	Е	Л	Я	И	Е	С	И	І	Я	Щ
І	Д	О	Б	Р	И	В	О	С	Р	Є	П	Б	Б	Н	С
Ш	С	Ф	Ц	Ф	Щ	Ґ	Б	Г	Ш	Ш	О	Ш	І	Н	Ь
К	В	О	Д	А	Ю	В	Ґ	А	У	Є	С	Л	Б	І	Ґ
А	А	Т	Ц	Е	Л	С	О	М	Л	Р	Ш	И	А	С	Ж
Х	Р	Ш	Ж	Ф	Х	Х	П	Д	Ж	А	Є	Ґ	Ю	А	С
Ш	М	Л	В	Ч	І	И	Г	Ш	Р	Н	І	Е	Ц	Н	Т

БДЖОЛА
ЗУБР
ТЕЛЯ
КІШКА
КУРКА
КОРОВА
ВОРОНА
ПЕС
ОСЕЛ
ПАРКАН

ДОБРИВО
ПОЛЕ
ЗГРАЯ
КОЗА
СІНО
МЕД
КІНЬ
РИС
НАСІННЯ
ВОДА

15 - Camping

Ч	П	Д	К	А	Д	Г	Л	Б	К	Ч	Г	Я	Ш	П	И
О	В	Р	І	О	Л	С	І	Ц	Л	А	Н	І	Б	А	К
А	О	Н	И	Р	А	В	Т	С	Щ	Ц	П	Ґ	І	А	Ю
Я	Щ	О	Х	Р	Г	А	М	А	К	Ф	Ц	Е	И	Б	Ґ
Н	Є	Щ	С	Ь	О	Ж	Ц	Л	С	Ґ	М	О	Л	У	Ш
Н	Б	С	Е	Ц	А	Д	О	Г	И	Р	П	Н	І	Ю	А
А	К	Є	Ч	Я	Ж	Ф	А	Т	Р	А	К	А	Р	Б	Х
В	Б	Ю	Щ	С	А	П	М	О	К	Е	Ю	К	Ю	У	А
Ю	Ч	Л	Ц	І	Щ	О	Л	Е	С	Е	В	Д	І	Л	М
Л	І	С	Е	М	В	О	Г	О	Н	Ь	Я	Е	Е	Т	О
О	Щ	Ц	Д	Ґ	О	Н	К	М	Є	И	О	Р	И	Б	К
П	Ж	У	Ш	Ч	Ц	Т	М	П	Р	Щ	С	Е	М	А	Т
И	О	Н	И	Я	Д	Щ	У	Щ	Ш	Х	П	В	Ф	А	П
О	З	Е	Р	О	Е	П	Д	З	Ю	Ь	Н	А	Л	Щ	Г
Х	С	Б	Щ	У	Х	Е	Ю	Н	К	Ц	У	В	В	Н	П
Н	А	М	Е	Т	Р	О	Б	О	С	А	Р	О	Г	Х	К

ПРИГОДА
ТВАРИН
КАБІНА
КАНОЕ
КОМПАС
ВОГОНЬ
ЛІС
ВЕСЕЛОЩІ
ГАМАК
КАПЕЛЮХ
ПОЛЮВАННЯ
КОМАХА
ОЗЕРО
КАРТА
МІСЯЦЬ
ГОРА
ПРИРОДА
МОТУЗКА
НАМЕТ
ДЕРЕВА

16 - Algebra

П	П	К	Д	К	Ч	Ф	Л	Н	Ґ	Д	Ю	С	Г	Ч	М
Р	І	В	Н	Я	Н	Н	Я	Щ	Ю	Ф	Д	П	П	Ч	А
В	Д	Ь	Г	Р	Ґ	Е	Ф	О	У	Й	Щ	Р	О	Х	Т
К	І	Л	Ь	К	І	С	Т	Ь	Ю	И	Щ	О	К	В	Р
Ф	Ю	У	Ж	Ґ	О	З	М	І	Н	Н	А	С	А	І	И
Е	О	Н	Д	М	Г	С	Х	К	Ш	Й	Д	Т	З	Д	Ц
Щ	Т	Р	Щ	І	К	Р	К	Я	Ю	І	У	И	Н	Н	Я
О	Г	О	М	Ц	А	Ь	А	В	А	Н	Ж	Т	И	І	Щ
Є	К	Т	У	У	А	Г	Н	Ф	Я	І	К	И	К	М	Р
Ь	Е	К	Т	І	Л	Ґ	Р	И	І	Л	И	Т	Х	А	І
М	Г	А	Р	Ф	Щ	А	М	А	Е	К	Р	И	С	Н	Ш
І	Д	Ф	Ч	И	С	Л	О	Ц	М	И	Щ	Ш	М	Н	Е
П	О	М	И	Л	К	О	В	И	Й	А	Г	І	С	Я	Н
П	Р	О	Б	Л	Е	М	А	Ч	Л	П	Д	Р	Ш	І	Н
Н	Е	С	К	І	Н	Ч	Е	Н	Н	И	Й	И	В	Ю	Я
Ш	Н	И	О	Ґ	Є	К	Ю	Т	Г	Н	Ґ	В	У	Н	К

ДІАГРАМА
РІВНЯННЯ
ПОКАЗНИК
ФАКТОР
ПОМИЛКОВИЙ
ФОРМУЛА
ГРАФІК
НЕСКІНЧЕННИЙ
ЛІНІЙНИЙ
МАТРИЦЯ
ЧИСЛО
ДУЖКИ
ПРОБЛЕМА
КІЛЬКІСТЬ
СПРОСТИТИ
РІШЕННЯ
ВИРІШИТИ
ВІДНІМАННЯ
ЗМІННА
НУЛЬ

17 - Numbers

Ь	Ц	Д	Д	В	А	Н	А	Д	Ц	Я	Т	Ь	Ю	С	Ь
С	Ґ	Б	Е	Ю	Ґ	Т	Ш	Ь	Т	Я	С	Е	Д	Е	Д
Ц	И	Ж	П	В	В	Х	Є	Т	Ш	Б	І	Ь	О	Ц	У
Я	Н	Я	І	Ц	Я	К	Д	Я	Ґ	Ш	Т	Т	Ґ	Е	Д
С	Ь	Х	И	Р	Ь	Т	Я	Ц	Д	А	Н	Т	Я	П	Ш
М	І	С	І	В	Т	Л	Н	Д	П	В	И	Й	Ж	Ш	І
Е	Ю	М	Ц	А	Я	О	Щ	А	Ш	Я	Ц	И	Р	Т	С
Ш	У	К	А	И	П	Д	А	В	Д	Є	С	В	Ь	Д	Т
І	І	Д	Ц	Ж	В	И	Ь	Д	Ш	Ц	И	О	Ж	Е	Н
Ц	У	С	Ц	У	Ц	Н	Л	І	И	Е	Я	К	П	В	А
У	Ю	Ф	Т	И	Д	Ґ	Н	У	К	І	Ц	Т	Б	Я	Д
Щ	Е	К	Я	Ь	Ч	О	Т	И	Р	И	П	Я	Ь	Т	Ц
В	І	С	І	М	Н	А	Д	Ц	Я	Т	Ь	С	Л	Ь	Я
С	І	М	Н	А	Д	Ц	Я	Т	Ь	Ш	С	Е	И	В	Т
Ч	О	Т	И	Р	Н	А	Д	Ц	Я	Т	Ь	Д	С	О	Ь
Т	Р	И	Н	А	Д	Ц	Я	Т	Ь	Щ	Т	Н	М	Д	Б

ДЕСЯТКОВИЙ
ВІСІМ
ВІСІМНАДЦЯТЬ
П'ЯТНАДЦЯТЬ
П'ЯТЬ
ЧОТИРИ
ЧОТИРНАДЦЯТЬ
ДЕВ'ЯТЬ
ДЕВ'ЯТНАДЦЯТЬ
ОДИН
СІМ
СІМНАДЦЯТЬ
ШІСТЬ
ШІСТНАДЦЯТЬ
ДЕСЯТЬ
ТРИНАДЦЯТЬ
ТРИ
ДВАНАДЦЯТЬ
ДВАДЦЯТЬ
ДВА

18 - Spices

Х	П	Т	Г	Ш	Г	Є	Ф	К	Л	Я	Є	Н	Ж	К	Ш
Е	Т	Р	К	Н	В	У	Г	А	Я	І	П	Н	Л	А	Я
Ш	Є	Ц	У	С	О	С	О	Л	О	Д	К	И	Й	Р	Т
І	Ц	Щ	Н	К	З	М	М	Ь	Е	Є	Е	М	Я	Р	Е
Д	А	С	Ш	Ф	Д	В	А	Ч	М	Х	Т	К	Г	І	Я
Р	Н	Ю	Е	Х	И	Е	Б	Д	Т	Ж	Ю	Ф	І	Л	Г
Ж	І	Ь	Ш	Ь	К	П	У	Л	Р	Щ	Л	Е	Р	І	Ь
Г	С	Ц	Ц	Ь	А	К	И	Р	П	А	П	Н	К	Н	Ґ
У	П	Е	Ж	П	Ж	Т	У	П	М	Ґ	К	Х	И	А	Щ
К	О	Р	І	А	Н	Д	Р	Ц	І	С	Х	Е	Й	В	Р
Ч	Т	Е	Д	И	А	І	Д	И	Б	Ш	Р	Л	Е	Я	Е
І	А	П	Я	Ц	Р	Х	Т	Б	Ш	Х	И	Ь	Е	Ю	Б
Р	М	С	Р	Н	Ф	П	О	У	С	О	Л	О	Д	К	А
Д	О	Б	Н	Д	А	Ц	Ш	Л	Н	С	І	Л	Ь	Е	Ц
К	Р	А	И	И	Ш	Я	О	Я	М	Ц	Б	К	К	І	Ф
Я	А	Ч	У	Р	К	К	О	Р	И	Ц	Я	Х	Ь	В	Ь

АНІС
ГІРКИЙ
КАРДАМОН
КОРИЦЯ
ГВОЗДИКА
КОРІАНДР
КМИН
КАРРІ
ФЕНХЕЛЬ
АРОМАТ
ЧАСНИК
ІМБИР
СОЛОДКА
ЦИБУЛЯ
ПАПРИКА
ПЕРЕЦЬ
ШАФРАН
СІЛЬ
СОЛОДКИЙ
ВАНІЛІ

19 - Universe

Г	А	В	Я	Р	М	Е	Т	Е	І	Н	Е	Б	О	Ш	М
А	Т	А	С	К	А	І	Д	О	З	Ф	Ф	К	Х	И	І
Л	М	А	С	О	В	К	У	Н	У	Ю	А	Т	Ь	Р	С
А	О	Т	С	Т	Н	Г	П	І	В	К	У	Л	Я	О	Я
К	С	І	Н	Т	Е	Ц	Ж	М	М	І	Ч	Ю	У	Т	Ц
Т	Ф	Б	Ш	П	Р	Р	Е	Я	Б	Ь	С	Ґ	Д	А	Ь
И	Е	Р	С	Е	Є	О	О	С	Є	В	Н	В	К	Ш	А
К	Р	О	Ч	Я	Ш	В	Н	Ї	Т	В	Я	Щ	Х	Є	С
А	А	Щ	Л	Є	Г	Г	Л	О	Д	О	О	Е	Л	П	Т
Т	Е	Л	Е	С	К	О	П	Н	М	К	Я	А	Я	Ю	Р
Ш	И	Н	М	С	Ю	Ґ	С	Я	Ш	С	Ю	Н	Я	Я	О
І	Е	Ь	У	Т	Т	Х	Л	Ф	Є	Ф	Е	Е	Н	І	Н
К	Я	Г	М	Ґ	Є	Щ	Я	Ж	О	В	Н	Щ	Є	Я	О
Ч	Ю	Н	П	И	Г	О	Р	И	З	О	Н	Т	Т	Я	М
В	И	Д	И	М	И	Й	И	Н	Ч	І	М	С	О	К	І
Н	Е	Б	Е	С	Н	И	Й	И	Н	Ч	Я	Н	О	С	Я

АСТЕРОЇД
АСТРОНОМ
АСТРОНОМІЯ
АТМОСФЕРА
НЕБЕСНИЙ
КОСМІЧНИЙ
ТЕМРЯВА
ЕОН
ГАЛАКТИКА
ПІВКУЛЯ
ГОРИЗОНТ
ШИРОТА
МІСЯЦЬ
ОРБІТА
НЕБО
СОНЯЧНИЙ
СОНЦЕСТОЯННЯ
ТЕЛЕСКОП
ВИДИМИЙ
ЗОДІАК

20 - Mammals

К	Т	С	Ю	Ю	В	К	И	Л	О	Р	К	Х	Ґ	Н	П
Н	К	Я	Ґ	Д	Щ	І	Ж	Я	И	И	С	І	К	Є	Х
Б	П	Т	У	Х	Ю	Ш	В	І	В	Ц	Я	Л	Ь	Ж	Ч
Д	Б	Ч	У	Ь	С	К	Ч	Р	Р	Ю	Б	П	О	В	Н
И	Е	К	І	Н	Ь	А	Л	И	Р	О	Г	Д	А	Н	Л
Ш	Т	Л	С	Щ	Т	И	Ґ	М	П	Ь	П	В	П	Л	Е
Ь	Р	С	Ь	Е	Р	А	Н	Е	Ф	В	К	Е	Л	Я	В
К	У	Ц	Н	Ф	А	Р	И	Ж	Г	Х	Т	Д	К	И	Т
С	Ь	А	Є	Щ	І	Б	М	А	В	П	А	М	Б	И	К
І	Ч	У	Р	У	Г	Н	Е	К	М	Ф	Я	І	Г	І	Е
О	Ь	Ь	М	У	І	Х	Н	Ж	Б	Б	Щ	Д	Ч	Ь	К
К	Ч	Н	У	И	Ь	Ж	Д	Щ	О	К	П	Ь	Ж	Р	М
Л	И	С	И	Ц	Я	Ґ	Д	Б	Б	З	Е	Б	Р	А	Х
І	Ф	Ш	Е	Б	В	О	В	К	Е	П	Х	У	Ф	Г	І
Т	Є	Ґ	Л	П	Г	Ю	Ц	Ц	Р	Б	М	Ж	Є	Г	О
Н	Х	Ґ	Ч	О	А	С	Ж	Ґ	К	О	Й	О	Т	Л	Ф

ВЕДМІДЬ
БОБЕР
БИК
КІШКА
КОЙОТ
ПЕС
ДЕЛЬФІН
СЛОН
ЛИСИЦЯ
ЖИРАФ
ГОРИЛА
КІНЬ
КЕНГУРУ
ЛЕВ
МАВПА
КРОЛИК
ВІВЦЯ
КИТ
ВОВК
ЗЕБРА

21 - Fishing

П	З	Ж	Е	Н	К	С	С	С	Ґ	У	Л	А	И	В	Н
Р	Е	Я	Ч	Б	Ф	Ю	Л	Е	Ґ	О	Т	Л	Л	Л	М
Щ	И	Р	Б	Б	Ц	Ц	П	З	У	М	У	А	М	У	У
К	Б	А	Е	Р	Г	Х	М	О	В	Х	А	К	Ч	І	Р
У	Є	Х	Ф	Б	А	Я	Н	Н	А	Н	Д	А	Л	Б	О
І	І	У	Н	Т	І	Р	Д	І	С	Г	О	З	Е	Р	О
О	Н	К	Я	Н	Х	Л	Т	К	Г	Л	В	Б	Щ	Ь	Щ
П	Ч	Ю	М	П	Т	І	Ь	И	Щ	Е	Л	Е	П	А	І
Р	Ч	П	С	П	Л	Ю	А	Ш	Т	О	І	Ю	Ц	Р	Т
И	Г	А	В	Е	Е	Я	А	О	Е	Щ	Я	К	К	И	Е
Н	Х	І	Н	Г	А	К	Ж	К	К	Н	Е	В	О	Ч	Р
А	К	П	А	Ж	Ж	Ь	Р	Ч	Д	А	Н	Ь	С	Ч	П
Д	С	Т	Р	Б	Є	Т	С	В	О	Е	Л	Я	О	Ч	І
А	А	Ж	В	Я	Щ	А	Н	Ф	С	К	В	А	Г	А	Н
Є	Л	М	Ґ	П	У	Ж	Е	Ш	Р	О	Н	Я	В	Ю	Н
Х	Ч	Ш	О	Б	Ч	Ц	Ш	Ь	Ф	В	Г	Д	А	П	Я

ПРИНАДА
КОШИК
ПЛЯЖ
ЧОВЕН
КУХАР
ОБЛАДНАННЯ
ПЕРЕБІЛЬШЕННЯ
ЗЯБРА
ГАК
ЩЕЛЕПА
ОЗЕРО
ОКЕАН
ТЕРПІННЯ
РІЧКА
ВАГИ
СЕЗОН
ВОДА
ВАГА
ДРІТ

22 - Bees

Ю	Ш	Ч	Д	В	Я	Ж	П	Д	Н	Е	Р	А	Ж	Ї	Е
Ь	Ш	С	Ш	И	Ґ	М	М	И	Д	Ц	І	М	П	Ю	Е
Я	Г	Ч	Н	Г	Ґ	Щ	О	Н	Л	Н	Й	Е	Е	Ь	Я
С	Ь	Я	Ч	І	Н	П	Б	И	Ґ	О	Я	Т	Н	Д	В
Ь	Я	А	Ш	Д	Ж	Л	Ц	Л	Ш	С	К	С	Ч	Ґ	Т
Е	Щ	О	У	Н	В	Т	Ц	С	С	И	И	И	У	Ж	П
Є	Ф	Ф	І	И	С	У	А	О	А	В	Н	С	М	Ц	Ч
Л	Д	Т	К	Й	С	Л	Л	Р	Д	І	Ь	О	Ь	Ґ	Щ
Л	Е	Ж	В	Р	Щ	М	И	И	Л	С	Л	К	Щ	Х	Ь
С	Р	Л	І	Я	Г	П	Р	К	К	К	И	Е	Т	С	Е
Ш	В	Ш	Т	І	В	Ц	К	Ф	Ґ	Х	П	Ш	Щ	Д	Л
Ч	Р	У	И	Ф	Р	У	К	Т	А	Х	А	М	О	К	Е
П	Т	Ч	Г	Р	Б	Ш	Ч	С	І	Л	З	І	Ш	І	Б
Х	Є	Х	Є	Ш	Т	А	В	К	О	Р	О	Л	Е	В	А
Я	Р	Я	В	Ь	Є	У	Е	Ф	У	Ч	Ш	Н	Б	Ж	Ч
В	О	Х	Р	О	В	Щ	Ь	В	П	Н	Н	Ґ	Ц	Д	І

ВИГІДНИЙ
ЦВІТ
ЕКОСИСТЕМА
КВІТИ
ЇЖА
ФРУКТ
САД
ВУЛИК
МЕД
КОМАХА
РОСЛИНИ
ПИЛОК
ЗАПИЛЬНИК
КОРОЛЕВА
ДИМ
СОНЦЕ
РІЙ
ВІСК
КРИЛА

23 - Weather

Т	А	Р	Е	Ф	С	О	М	Т	А	М	У	Ф	Ж	О	Б
А	Р	Ц	Ш	Є	Ф	Б	И	Ш	Т	К	Є	Щ	Ш	П	Л
М	А	О	П	С	Х	Ю	Р	П	Є	Ґ	Л	Д	Ю	Ф	И
І	М	Д	П	Л	Н	К	Г	О	М	А	С	Е	Б	О	С
Л	Х	А	Д	І	Л	Н	І	М	П	Р	М	Ь	С	Б	К
К	Є	Н	О	Д	Ч	С	У	Х	І	У	И	В	Ж	Е	А
Р	Щ	Р	Ь	А	Ь	Н	Л	П	В	Т	У	М	А	Н	В
У	Б	О	Л	Ш	Р	У	И	Ф	І	А	Л	Х	Г	А	К
В	Р	Т	М	У	С	О	Н	Й	Т	Р	Н	С	А	Ш	А
Ю	Є	А	Е	Ґ	Д	Я	Щ	И	Е	Е	Л	П	П	М	Е
Ь	Е	Ч	Г	Щ	У	Л	А	Н	Р	П	З	О	Щ	О	Р
А	О	О	О	А	Т	К	Ц	Р	Ь	М	И	С	М	П	Г
П	Ф	С	С	Ь	Н	Ь	Л	Я	К	Е	Р	У	Б	В	Ґ
Е	Я	П	В	Ч	І	Р	Ф	Л	Ц	Т	Б	Х	Ш	Т	Ж
С	Т	Е	У	П	Ф	Ч	Г	О	Ґ	Д	Ґ	А	Є	Ю	И
О	У	И	Ґ	П	В	Щ	А	П	Н	Ц	С	Ґ	Р	Т	І

АТМОСФЕРА
БРИЗ
КЛІМАТ
ХМАРА
ПОСУХА
СУХІ
ТУМАН
УРАГАН
ЛІД
БЛИСКАВКА
МУСОН
ПОЛЯРНИЙ
ВЕСЕЛКА
НЕБО
БУР
ТЕМПЕРАТУРА
ГРИМ
ТОРНАДО
ТРОПІЧНИЙ
ВІТЕР

24 - Adventure

Г	П	Е	О	Ч	Ф	М	П	І	У	К	У	О	Б	Я	Е
М	А	Р	Ш	Р	У	Т	О	К	Р	А	С	А	Е	Ч	Н
Д	Я	П	Г	Н	Ь	П	І	Ж	И	Щ	В	Б	З	К	Т
І	Ч	О	Ч	Д	Ц	І	Ю	Є	Л	П	Я	В	П	С	У
Я	Р	П	О	Т	Т	Н	Н	П	Т	И	К	Ф	Е	Ц	З
Л	А	Н	О	В	И	Й	А	Р	Р	Б	В	І	К	Р	І
Ь	Д	Ц	Я	Е	В	А	В	О	У	С	У	І	А	А	А
Н	І	В	Х	Г	Ш	Ч	І	Б	Д	І	И	З	С	Щ	З
І	С	Ю	С	У	Ю	И	Г	Л	Н	Щ	Ш	У	Н	Т	М
С	Т	Ш	Ю	Г	Н	В	А	Е	І	І	Б	Р	А	Є	Ь
Т	Ь	Л	Ю	Ф	Г	З	Ц	М	С	І	И	Д	Ш	Ч	К
Ь	Ц	А	П	К	І	Е	І	И	Т	Р	Ю	С	С	Ц	М
Я	К	Ц	І	Я	Ф	Н	Я	В	Ь	М	Ю	Ф	Ш	Ь	О
П	І	Д	Г	О	Т	О	В	К	А	Д	О	Р	И	Р	П
Х	О	Р	О	Б	Р	І	С	Т	Ь	В	Ч	М	Ж	Я	Д
Е	К	С	К	У	Р	С	І	Я	О	А	У	В	С	Ю	Е

ДІЯЛЬНІСТЬ
КРАСА
ХОРОБРІСТЬ
ПРОБЛЕМИ
ШАНС
ТРУДНІСТЬ
ЕНТУЗІАЗМ
ЕКСКУРСІЯ
ДРУЗІ
МАРШРУТ
РАДІСТЬ
ПРИРОДА
НАВІГАЦІЯ
НОВИЙ
МОЖЛИВІСТЬ
ПІДГОТОВКА
БЕЗПЕКА
НЕЗВИЧАЙНІ

25 - Sport

К	І	С	Т	К	И	Х	А	Р	Ч	У	В	А	Н	Н	Я
М	Є	Б	Ч	Л	Щ	П	Ц	И	Ш	Н	М	О	У	Ц	Ш
І	Ю	С	О	У	Ш	Д	Г	И	В	В	Д	М	Ґ	О	А
Р	О	З	Т	Я	Г	У	В	А	Н	Н	Я	І	Е	Ф	І
В	Т	Л	Т	Л	І	Ю	Ь	Я	И	К	Ф	Д	Є	Т	Я
И	Б	Б	І	Е	Б	Н	А	Я	Е	К	І	У	Н	Т	А
Т	А	В	Ж	Т	Н	Т	Р	О	П	С	Т	А	К	П	А
Р	Ж	І	Я	В	О	Р	О	Д	З	Ж	Л	Я	М	Б	Ф
И	И	Щ	Н	Є	Х	Е	З	Д	А	Т	Н	І	С	Т	Ь
В	У	О	Р	Ч	Т	Н	С	П	О	Р	Т	С	М	Е	Н
А	А	Н	Є	Е	Н	Е	Ю	Е	І	Ю	Р	Ж	Щ	Ч	Я
Л	Д	Г	А	М	А	Р	Г	О	Р	П	Л	Д	М	У	Р
І	М	Е	Т	А	Б	О	Л	І	Ч	Н	И	Й	Я	С	Ч
С	Ж	Е	Ю	Л	Е	Х	Т	А	Н	Ц	І	Ф	З	М	Ф
Т	І	Р	М	И	Т	А	В	А	Л	П	Д	Д	И	Л	Р
Ь	М	А	К	С	И	М	І	З	У	В	А	Т	И	Б	Ж

ЗДАТНІСТЬ
СПОРТСМЕН
ТІЛО
КІСТКИ
ТРЕНЕР
ТАНЦІ
ДІЄТА
ВИТРИВАЛІСТЬ
МЕТА
ЗДОРОВ'Я
БІГ
МАКСИМІЗУВАТИ
МЕТАБОЛІЧНИЙ
М'ЯЗИ
ХАРЧУВАННЯ
ПРОГРАМА
СПОРТ
СИЛА
РОЗТЯГУВАННЯ
ПЛАВАТИ

26 - Restaurant #2

А	Д	Р	В	Ф	Є	Р	Є	Т	О	Т	І	Щ	Р	Ю	Л
А	Д	Ч	Ш	Е	Р	І	Ґ	Д	Ф	Т	К	Ч	Ю	П	О
Л	О	Ж	К	А	Ч	У	Х	О	І	Н	А	П	І	Й	К
Л	Ш	Ю	Ц	К	О	Е	К	Я	Ц	А	Н	Ш	Ю	Я	Ш
І	А	Г	Ь	Л	І	С	Р	Т	І	Ч	Р	Н	Б	Ж	И
Д	С	Р	Л	И	Н	Б	Ц	Я	А	Б	І	И	Х	Ґ	Н
Г	М	Д	Г	В	У	Ш	Т	Ц	Н	Я	Д	І	Б	О	А
Я	А	С	П	Е	Ц	І	Ї	Й	Т	Х	Т	Ц	Ю	А	Д
Р	Ч	Ж	Ґ	И	Ч	К	Ю	Я	А	Н	О	Н	Х	Ш	О
Г	Н	М	В	Н	Т	Я	Я	У	Л	В	О	Ш	А	Ф	В
Щ	И	І	Ч	Г	М	Ґ	Щ	І	А	Л	Д	Т	С	Д	Ш
Е	Й	К	Ш	М	Т	Ь	У	Е	С	М	О	Є	Ч	Ю	Ь
Ч	Я	С	У	П	Ч	С	А	Ф	Ж	С	Щ	Ф	Т	С	Є
К	Р	І	С	Л	О	В	К	Е	Г	Щ	Т	Т	О	Р	Т
Г	Ф	Г	Ґ	К	Г	Е	І	О	У	С	А	И	С	Ф	Т
О	В	О	Ч	І	Д	С	І	У	Т	Ч	Л	М	Ж	Я	Д

НАПІЙ
ТОРТ
КРІСЛО
СМАЧНИЙ
ВЕЧЕРЯ
ЯЙЦЯ
РИБА
ВИЛКА
ФРУКТ
ЛІД
ОБІД
ЛОКШИНА
САЛАТ
СІЛЬ
СУП
СПЕЦІЇ
ЛОЖКА
ОВОЧІ
ОФІЦІАНТ
ВОДА

27 - Geology

К	Н	Е	Р	У	О	И	Л	А	Т	С	И	Р	К	Е	Ш
Є	А	И	Р	Х	С	Х	А	А	Ь	Ж	М	Щ	Х	К	А
Щ	К	Л	Д	О	С	І	Л	Ь	В	І	Л	К	И	Ц	О
С	Л	А	Ь	С	З	Ь	Е	Н	В	А	В	О	Х	Б	Х
Ц	У	Р	К	Ц	А	І	Щ	І	К	И	С	Л	О	Т	А
Є	В	Е	О	О	І	Б	Я	М	П	Е	Ч	Е	Р	А	І
Н	Ш	Н	Р	Ш	Г	Й	С	А	Н	Щ	А	О	Л	Ю	В
Ц	А	І	А	Л	О	И	У	К	Д	Ф	Т	Б	Т	К	Ш
Д	Р	М	Л	С	Т	А	Л	А	К	Т	И	Т	Н	Е	Д
О	Ґ	Ґ	О	Ш	Щ	С	У	Р	Т	Е	Л	М	Е	З	Г
Е	К	С	В	Е	Т	О	Г	В	И	К	О	П	Н	И	Й
Д	Т	В	И	Г	Е	Й	З	Е	Р	У	Ц	Є	И	Щ	Е
А	С	Щ	Й	К	В	А	Р	Ц	Ф	Є	Ь	П	Т	Ґ	Ф
Ц	В	Л	С	И	Ґ	А	Щ	Н	Е	М	Т	Ж	Н	Е	К
Я	О	Ю	Д	Є	Б	Ь	Л	М	Ш	Ь	Ф	Д	О	Є	Д
К	Щ	К	Р	Ч	П	Л	А	Т	О	О	Ц	С	К	А	К

КИСЛОТА
КАЛЬЦІЙ
ПЕЧЕРА
КОНТИНЕНТ
КОРАЛОВИЙ
КРИСТАЛИ
ЦИКЛІВ
ЗЕМЛЕТРУС
ЕРОЗІЯ
ВИКОПНИЙ
ГЕЙЗЕР
ЛАВА
ШАР
МІНЕРАЛИ
ПЛАТО
КВАРЦ
СІЛЬ
СТАЛАКТИТ
КАМІНЬ
ВУЛКАН

28 - House

Б	П	Ґ	Б	Е	Я	Ж	К	Н	Ч	П	Г	Щ	Д	Ь	О
С	І	К	І	М	Н	А	Т	А	Ц	І	Щ	Р	І	Є	К
П	Ц	Б	І	Щ	Х	Р	Щ	К	Г	О	Р	И	Щ	Е	А
Б	О	В	Л	М	У	А	Т	Р	Ш	Н	Х	Ж	Д	І	М
М	Л	В	Б	І	К	Г	Н	А	Т	О	Д	Ю	М	К	І
Л	А	Т	Е	И	О	Є	Ш	П	О	Ь	У	Л	І	И	Н
Ч	К	Р	М	Р	П	Т	В	Є	Р	М	Ш	Ф	Т	Ш	Ш
Ю	Р	Р	Р	П	Х	Щ	Е	Ґ	И	І	Ч	Ю	Л	К	Л
Д	Е	В	Ц	Ц	А	Щ	Щ	К	Ф	Р	Б	Ф	А	Ю	А
Ч	З	Н	А	Ґ	Д	Ч	Ф	Ч	А	В	І	К	Н	О	М
І	Д	А	С	Х	Є	Ж	И	Щ	И	С	П	Ш	Г	Ь	П
Д	Е	Ж	Н	Т	Ц	К	Н	В	Ь	О	І	Ґ	Ф	Ж	А
Ь	В	Ц	О	Н	У	Є	Ш	О	М	Л	Я	Ь	Л	И	Ґ
Ю	И	Е	Л	Д	Р	Р	Х	В	Щ	Ґ	Ш	В	Ь	Ш	Г
Ф	Є	Я	Р	В	Ф	І	О	Н	Щ	Ц	А	Ш	И	І	Ь
М	Н	О	Ш	І	С	Т	І	Н	А	Г	І	Щ	Ґ	М	Г

ГОРИЩЕ
МІТЛА
ШТОРИ
ДВЕРІ
ПАРКАН
КАМІН
ПОВЕРХ
МЕБЛІ
ГАРАЖ
САД
КЛЮЧІ
КУХНЯ
ЛАМПА
БІБЛІОТЕКА
ДЗЕРКАЛО
ДАХ
КІМНАТА
ДУШ
СТІНА
ВІКНО

29 - Physics

Д	Ю	Б	Ж	Ф	Щ	У	Ч	Р	Ґ	К	Я	Х	Г	П	Е
М	В	М	Ґ	Н	Я	Н	Н	Е	Р	И	Ш	З	О	Р	Л
М	А	И	П	В	Х	І	Б	С	А	К	У	Ц	Ш	И	Е
А	К	С	Г	Б	Ж	В	Т	А	Ч	Ь	Ґ	Ь	Н	С	К
Г	Н	Ф	А	У	Е	Е	Ч	А	С	Т	О	Т	А	К	Т
Н	И	Я	Л	Л	Н	Р	С	Ц	Є	С	А	С	А	О	Р
Е	Т	Ь	У	Щ	І	С	В	Н	Ф	І	Ґ	І	Ф	Р	О
Т	С	Ґ	М	О	Т	А	А	В	Ь	Н	В	К	П	Е	Н
И	А	Н	Р	А	Ж	Л	М	К	Х	С	Л	Д	П	Н	Є
З	Ч	С	О	А	Р	Ь	Л	Ш	І	О	В	И	І	Н	Є
М	І	Н	Ф	Ь	Є	Н	Я	Ю	М	Н	Е	В	Е	Я	В
Х	А	О	С	Ж	А	И	Ф	Ж	І	Д	А	Ш	Р	А	Н
Ч	Ц	П	Ь	О	Т	Й	Х	Г	Ч	І	И	Х	И	К	Ш
Щ	І	Л	Ь	Н	І	С	Т	Ь	Н	В	Г	Ц	Е	Щ	Щ
М	О	Л	Е	К	У	Л	А	Ц	І	Ю	А	Я	У	М	Ч
Я	Д	Е	Р	Н	И	Й	Ц	С	И	В	З	Х	Ь	С	А

ПРИСКОРЕННЯ
АТОМ
ХАОС
ХІМІЧНІ
ЩІЛЬНІСТЬ
ЕЛЕКТРОН
ДВИГУН
РОЗШИРЕННЯ
ФОРМУЛА
ЧАСТОТА
ГАЗ
МАГНЕТИЗМ
МАСА
МЕХАНІКА
МОЛЕКУЛА
ЯДЕРНИЙ
ЧАСТИНКА
ВІДНОСНІСТЬ
УНІВЕРСАЛЬНИЙ
ШВИДКІСТЬ

30 - Dance

Т	Р	А	Д	И	Ц	І	Й	Н	И	Й	Ш	У	А	Ж	К
У	О	И	Ґ	Ю	Р	Ь	Е	М	О	Ц	І	Я	І	Г	У
Л	Е	В	Ж	Н	Е	Щ	Ш	І	О	Я	Л	Л	В	Є	Л
Л	М	М	Й	И	Н	Р	У	Т	Ь	Л	У	К	Т	Л	Ь
К	И	Ь	О	В	Т	Ц	Е	Т	С	И	М	Ц	Ь	Б	Т
М	Л	В	Х	О	Р	Е	О	Г	Р	А	Ф	І	Я	Л	У
А	У	А	Д	У	А	И	І	К	Ц	С	Ж	Г	Н	А	Р
Б	К	З	С	Ф	П	Е	П	Т	Р	Ґ	Я	Ф	Б	Г	А
О	М	А	И	И	Р	А	Д	І	С	Н	И	Й	Т	О	Ф
Ц	С	В	Д	К	Ч	В	А	Р	У	Х	Д	А	К	Д	О
Н	Ґ	А	Х	Е	А	Н	Р	П	В	Р	И	Т	М	А	Ю
Л	Ж	Т	С	У	М	А	И	Т	І	Л	О	Е	Е	Т	Д
Щ	Ґ	С	В	Б	Я	І	У	Й	И	І	В	А	Ф	Ь	Ц
Я	Ж	О	У	Ж	Щ	Ж	Я	Ґ	Б	Е	И	Ф	І	М	М
Р	Е	П	Е	Т	И	Ц	І	Я	Ш	У	П	В	Ю	Р	Н
В	И	Р	А	З	Н	И	Й	С	Ш	Ц	П	Ж	С	Ж	В

АКАДЕМІЯ
МИСТЕЦТВО
ТІЛО
ХОРЕОГРАФІЯ
КЛАСИЧНИЙ
КУЛЬТУРНИЙ
КУЛЬТУРА
ЕМОЦІЯ
ВИРАЗНИЙ
БЛАГОДАТЬ
РАДІСНИЙ
РУХ
МУЗИКА
ПАРТНЕР
ПОСТАВА
РЕПЕТИЦІЯ
РИТМ
ТРАДИЦІЙНИЙ

31 - Shapes

Т	Р	Б	Л	Ґ	К	К	В	А	Ц	Щ	Б	Ф	Ч	Ь	Н
Р	И	А	А	І	Д	П	Ф	К	И	М	С	Є	Є	Щ	Р
И	Л	В	Г	Г	Н	Ґ	Ш	И	Л	К	І	Б	Щ	Л	Є
К	Ю	Ц	У	Х	А	І	С	Н	І	О	Ґ	Ю	У	Н	Ц
У	К	Д	Д	П	К	Т	Я	Т	Н	Н	П	К	Н	Х	Е
Т	Р	Ж	У	Ґ	М	П	О	У	Д	У	П	Ш	Ф	В	Н
Н	И	Ц	И	Н	К	І	К	К	Р	С	О	Л	В	Ф	Ґ
И	В	Р	Ж	І	О	Р	У	О	У	В	М	Е	О	А	Т
К	А	Ш	О	Ч	Л	А	Б	М	С	Т	Ц	О	И	Щ	Ь
С	Ф	Е	Р	А	О	М	Є	Я	Ч	Й	Н	В	Ч	Т	А
Л	Б	Я	У	С	І	І	А	Р	С	И	И	И	К	У	Т
Б	Х	С	Г	Ч	Ц	Д	С	П	І	Л	Е	Т	К	И	А
Д	Й	И	Н	Ь	Л	А	В	О	П	Г	Р	К	У	Х	И
Г	І	П	Е	Р	Б	О	Л	А	Л	У	И	Щ	П	Т	Ф
Ґ	Ґ	У	М	Е	Щ	Є	Ь	Т	П	Р	И	З	М	А	Д
І	Ь	Д	Ґ	Д	Л	Ч	І	Є	П	К	М	В	Г	Ч	Ч

ДУГА
КОЛО
КОНУС
КУТ
КУБ
КРИВА
ЦИЛІНДР
ЕЛІПС
ГІПЕРБОЛА
ЛІНІЯ
ОВАЛЬНИЙ
БАГАТОКУТНИК
ПРИЗМА
ПІРАМІДА
ПРЯМОКУТНИК
КРУГЛИЙ
БІК
СФЕРА
ПЛОЩА
ТРИКУТНИК

32 - Scientific Disciplines

Х	І	М	І	Я	Н	П	В	А	Ш	Ю	У	Е	Ф	Ш	А
Я	І	М	О	Т	А	Н	А	К	М	Щ	Н	Ю	І	Е	С
І	И	Ґ	М	Ш	Ф	Є	Є	І	П	Я	І	Ь	З	А	Т
Г	К	Я	І	Г	О	Л	О	Н	У	М	І	Р	І	Р	Р
О	Ф	Н	Ц	Щ	Н	Х	В	А	М	Б	Я	Ь	О	Х	О
Л	Ш	Б	Л	Ю	Л	Г	К	Т	А	П	Ц	П	Л	Е	Н
А	К	І	М	А	Н	И	Д	О	М	Р	Е	Т	О	О	О
Р	І	О	Я	Ж	Я	Н	Г	Б	Д	О	Є	С	Г	Л	М
Е	Л	Л	М	Ц	І	Г	К	Е	І	Щ	Ь	Ь	І	О	І
Н	П	О	Ф	М	Г	Я	Щ	Ґ	О	О	Ж	С	Я	Г	Я
І	Ґ	Г	В	Ь	О	Ф	Ґ	Ф	Б	Л	Х	Ф	Ю	І	Я
М	Я	І	Г	О	Л	О	Х	И	С	П	О	І	У	Я	Я
В	Ю	Я	І	Г	О	Л	О	І	Ц	О	С	Г	М	Н	Т
У	Л	А	Ю	А	К	І	Н	А	Х	Е	М	В	І	І	К
Ч	Ч	Щ	К	Ж	Е	З	О	О	Л	О	Г	І	Я	Я	Я
К	І	Н	Е	З	І	О	Л	О	Г	І	Я	Ш	Д	Г	Г

АНАТОМІЯ
АРХЕОЛОГІЯ
АСТРОНОМІЯ
БІОХІМІЯ
БІОЛОГІЯ
БОТАНІКА
ХІМІЯ
ЕКОЛОГІЯ
ГЕОЛОГІЯ
ІМУНОЛОГІЯ
КІНЕЗІОЛОГІЯ
МЕХАНІКА
МІНЕРАЛОГІЯ
ФІЗІОЛОГІЯ
ПСИХОЛОГІЯ
СОЦІОЛОГІЯ
ТЕРМОДИНАМІКА
ЗООЛОГІЯ

33 - Science

К	Л	Х	Щ	Є	Ц	Ф	Д	Ю	Е	М	Ч	Е	І	Ч	Т
Л	І	А	Д	О	Р	И	Р	П	В	О	А	К	Е	П	Г
М	А	Ю	Б	Щ	Р	М	Ш	Ш	О	Л	С	С	Р	Є	Ю
Ю	В	Д	Н	О	И	П	Г	Е	Л	Е	Т	П	Ж	И	Ь
М	Е	Т	О	Д	Р	Б	Щ	Ч	Ю	К	И	Е	Є	Н	Ж
Ф	І	З	И	К	А	А	А	Ф	Ц	У	Н	Р	Е	Ю	Е
И	К	Л	І	М	А	Т	Т	Ф	І	Л	К	И	Ф	Ч	Г
А	Н	О	Ф	Є	Ь	Т	Р	О	Я	И	И	М	О	І	І
А	Й	И	Н	Е	Ч	В	М	Т	Р	Л	Д	Е	О	Ш	П
У	Т	О	Л	Ґ	А	Х	З	С	Є	І	Ф	Н	Ь	Ц	О
Ь	К	О	Ч	С	С	Ш	І	Н	А	Д	Я	Т	Б	Ґ	Т
Р	А	Ж	М	Т	О	П	Н	Я	Ю	В	П	У	К	Ш	Е
Ґ	Ф	Є	И	Ч	Г	Р	А	В	І	Т	А	Ц	І	Я	З
Н	Т	Ф	І	Ш	Ю	Ч	Г	Х	І	М	І	Ч	Н	І	А
Є	И	Ж	Ш	А	Т	Ф	Р	В	И	К	О	П	Н	И	Й
М	І	Ф	Д	І	Ч	С	О	М	І	Н	Е	Р	А	Л	И

АТОМ
ХІМІЧНІ
КЛІМАТ
ДАНІ
ЕВОЛЮЦІЯ
ЕКСПЕРИМЕНТ
ФАКТ
ВИКОПНИЙ
ГРАВІТАЦІЯ
ГІПОТЕЗА
ЛАБОРАТОРІЯ
МЕТОД
МІНЕРАЛИ
МОЛЕКУЛИ
ПРИРОДА
ОРГАНІЗМ
ЧАСТИНКИ
ФІЗИКА
РОСЛИНИ
ВЧЕНИЙ

34 - Beauty

Ц	И	Ю	Ф	К	Л	Д	Ш	У	Ю	Ю	Г	П	Є	О	Я
А	І	К	С	Й	И	Н	Ч	І	Н	Е	Г	О	Т	О	Ф
П	Р	О	Д	У	К	Т	И	Ц	Ц	Ю	И	М	Р	А	Ш
О	И	И	Г	Є	Б	К	А	И	Ю	Ц	И	А	Т	Е	П
Ґ	М	Т	У	Ш	В	У	Г	Ж	Д	Ь	Є	Д	С	Л	О
Б	Л	А	Р	І	К	Ш	И	О	Д	Т	Є	А	Ь	Е	С
Ь	Ш	Б	С	О	Е	Ц	К	Н	З	Ф	Щ	Щ	Н	Г	Л
Н	С	Ж	Н	Л	А	К	И	Т	Е	М	С	О	К	А	У
У	Р	Г	Т	Д	А	Т	Х	Ш	Р	В	Г	Ф	В	Н	Г
П	Т	Я	Б	Ц	Щ	Ц	Д	Т	К	К	А	Ю	Ж	Т	И
М	У	Х	К	У	Ч	Е	Р	Р	А	Ґ	Т	Р	Д	Н	Ш
А	А	К	О	Л	І	Р	Ц	Н	Л	М	Ь	Щ	Р	И	Ч
Ш	М	К	Л	Е	П	Т	Ц	Т	О	Ф	О	Ґ	І	Й	Г
Ь	Т	С	І	Н	Т	Н	А	Г	Е	Л	Е	Р	Ш	Т	Д
Р	Ь	Щ	П	Я	С	Т	И	Л	І	С	Т	Р	А	И	Ш
П	И	Т	Б	С	Ж	Б	Л	А	Г	О	Д	А	Т	Ь	В

ШАРМ
КОЛІР
КОСМЕТИКА
КУЧЕР
ЕЛЕГАНТНІСТЬ
ЕЛЕГАНТНИЙ
АРОМАТ
БЛАГОДАТЬ
ПОМАДА
МАКІЯЖ
ТУШ
ДЗЕРКАЛО
МАСЛА
ФОТОГЕНІЧНИЙ
ПРОДУКТИ
НОЖИЦІ
ПОСЛУГИ
ШАМПУНЬ
ШКІРА
СТИЛІСТ

35 - Clothes

Л	У	Ч	Щ	Л	А	М	І	А	С	С	І	П	Ж	Ь	М
Б	Є	Р	Б	И	К	О	Т	Л	Ц	П	Х	І	Д	Р	М
К	С	С	К	Г	Є	Д	Р	И	А	І	Х	Ж	У	І	К
Ф	А	Р	Т	У	Х	А	Б	А	Ж	Д	С	А	Х	Б	Ґ
Ь	К	Ь	Е	К	Ю	М	Г	К	Є	Н	Н	М	П	І	Т
В	Ч	А	Л	Ґ	Л	М	О	Т	С	И	М	А	Н	Я	К
А	О	Ш	С	Ж	Е	К	Т	Р	С	Ц	Ч	Л	С	Р	О
А	Р	Х	А	Ж	П	Ш	Ь	У	Н	Я	Т	Т	А	Л	П
Ґ	О	В	Р	І	А	А	Л	К	П	Є	Т	Ж	Х	Е	І
Є	С	Ф	Б	К	К	Р	А	Ж	П	В	Ч	Т	І	А	Х
Д	Ж	И	Н	С	И	Ф	П	П	О	Я	С	С	У	К	П
Ш	Щ	Ґ	Л	С	М	И	М	Ь	Д	Ш	Ш	В	Х	З	Б
І	Т	Н	І	О	Б	Я	Я	А	С	Ґ	Г	Е	Ю	У	В
Л	Д	А	Е	Р	А	В	И	В	А	Є	Н	Т	Ж	Л	Г
У	Ч	Б	Н	У	Ч	О	П	І	С	С	У	Р	Е	Б	І
С	Щ	Ф	Є	И	У	Р	У	К	А	В	И	Ч	К	И	Д

ФАРТУХ
ПОЯС
БЛУЗКА
БРАСЛЕТ
ПАЛЬТО
ПЛАТТЯ
МОДА
РУКАВИЧКИ
КАПЕЛЮХ
КУРТКА
ДЖИНСИ
НАМИСТО
ПІЖАМА
ШТАНИ
САНДАЛІ
ШАРФ
СОРОЧКА
ВЗУТТЯ
СПІДНИЦЯ
СВЕТР

36 - Insects

С	Ж	Є	Ш	Ю	Я	М	К	Ц	Н	С	С	Ф	Б	Р	Е
Ь	Х	Ц	Т	Ю	Е	Р	У	И	Ь	Р	Т	Ю	Д	Ф	М
Є	Ь	І	Б	О	Ж	Ґ	К	О	М	А	Р	Ь	К	Л	И
Т	Я	Ц	И	Л	Е	П	О	П	Є	Д	Л	Ь	К	У	М
Б	А	Є	Ф	Е	О	Щ	Н	Е	У	А	В	О	У	О	Ж
О	М	Р	Р	С	К	Х	Ь	О	О	К	Л	К	Ж	И	Ц
Г	У	П	Г	Ж	Ч	Е	А	К	Н	И	Ч	И	Л	Д	О
О	Р	Ц	Х	А	Е	Р	Н	Ш	Т	Ц	Л	Л	Н	Г	Б
М	А	Е	Ґ	Ь	Н	Е	Ш	Р	Е	Ш	Н	Е	Т	В	Є
О	Х	Ч	Ч	Р	О	К	О	Н	И	К	О	Т	Т	Ц	Н
Л	А	Ь	В	Ч	С	Ц	Ш	Ґ	Д	Г	Ю	Е	Х	І	К
К	Н	Р	А	Д	О	О	Г	Н	А	Т	І	М	Р	Е	Т
А	А	Ц	Р	А	С	Ь	Т	Ґ	П	Ґ	Н	Ю	Ш	Є	К
І	Р	Л	М	Ш	А	Ч	М	Н	И	Ь	Н	Ґ	И	Ь	Л
Б	А	Б	К	А	Х	Р	О	Б	А	К	Щ	П	А	Е	Ч
Ч	С	Л	Ю	Я	У	Д	Г	Х	Л	У	Ф	Т	Ю	Ч	И

МУРАХА
ПОПЕЛИЦЯ
БДЖОЛА
ЖУК
МЕТЕЛИК
ЦИКАДА
ТАРГАН
БАБКА
БЛОХА
ГНАТ

КОНИК
ШЕРШЕНЬ
СОНЕЧКО
ЛИЧИНКА
САРАНА
БОГОМОЛ
КОМАР
ТЕРМІТ
ОСА
ХРОБАК

37 - Astronomy

И	І	Я	Ж	Б	Ц	Ь	Ь	Н	С	Р	У	Т	О	Ж	Г
Є	Ц	Ц	Щ	А	Ч	Ф	Б	Е	У	І	И	У	Б	Ж	А
Р	А	Д	І	А	Ц	І	Я	Б	З	В	З	М	С	Г	Л
Р	М	Ч	И	Ш	Ч	Ш	М	О	І	Н	А	А	Е	І	А
С	У	Ф	Н	Р	Ь	Д	О	Я	Р	О	Т	Н	Р	С	К
Л	К	В	Н	Ж	В	Д	Н	Є	Я	Д	Е	Н	В	П	Т
М	І	С	Я	Ц	Ь	Р	О	Е	Т	Е	М	І	А	А	И
А	Т	Е	Н	А	Л	П	Р	Є	Ч	Н	Н	С	Т	С	К
В	С	О	Є	К	Б	И	Т	Я	Ш	Н	Е	Т	О	У	А
О	З	Т	Т	Е	Ж	У	С	Р	Л	Я	Н	Ь	Р	П	А
Н	З	Е	Р	Ь	Ь	М	А	Я	Ч	Р	Н	Ю	І	У	Б
Д	Р	О	М	О	К	О	С	М	О	С	Я	К	Я	Т	С
А	Т	Б	Д	Л	Н	А	С	Т	Е	Р	О	Ї	Д	Н	Ш
Н	Ч	В	Е	І	Я	А	Т	Е	К	А	Р	М	Ф	И	Т
О	Ч	Ц	О	Є	А	І	В	Е	Ч	Ж	Т	И	С	К	Я
П	Ц	Х	И	Е	Ш	К	Р	Т	Я	Д	Р	Ґ	М	Е	А

АСТЕРОЇД
АСТРОНАВТ
АСТРОНОМ
СУЗІР'Я
КОСМОС
ЗЕМЛЯ
ЗАТЕМНЕННЯ
РІВНОДЕННЯ
ГАЛАКТИКА
МЕТЕОР
МІСЯЦЬ
ТУМАННІСТЬ
ОБСЕРВАТОРІЯ
ПЛАНЕТА
РАДІАЦІЯ
РАКЕТА
СУПУТНИК
НЕБО
НАДНОВА
ЗОДІАК

38 - Health and Wellness #2

К	Е	А	Т	К	Е	Ц	О	Ф	Г	К	С	І	К	Ь	Г
А	А	К	И	Т	Е	Н	Е	Г	С	Ф	Р	Т	Ь	Х	Ь
Л	Т	Л	К	Я	У	Л	Ф	Ч	Ю	Ш	Б	О	Р	Ж	Е
Е	Є	І	О	Ф	Е	И	Щ	Ч	І	О	Я	И	В	Е	С
Р	І	Н	Х	Р	Ц	В	С	Г	Ч	К	Ц	Ф	Н	Д	С
Г	Д	Ф	Л	Н	І	М	А	Т	І	В	Н	Е	Р	Г	С
І	У	Е	Р	И	О	Я	Н	Н	А	В	У	Ч	Р	А	Х
Я	З	К	З	Н	Е	В	О	Д	Н	Е	Н	Н	Я	Б	Щ
І	Д	Ц	У	Р	В	Ю	У	С	О	В	Н	Ь	І	О	Е
Г	О	І	Л	І	К	А	Р	Н	Я	А	Є	Р	И	Р	Я
Р	Р	Я	І	М	О	Т	А	Н	А	Г	Є	М	Ґ	О	Р
Е	О	Ь	Ч	Ш	К	И	Ш	Ь	Т	А	А	Г	Х	В	Є
Н	В	В	Д	О	Є	Т	Г	І	Г	І	Є	Н	А	Х	Ч
Е	И	Н	Я	Н	Н	Е	Л	В	О	Н	Д	І	В	И	Ш
Я	Й	Я	Є	Б	І	П	Щ	Ф	К	Х	Ж	Е	К	М	Р
Я	Р	Л	І	Ь	Ж	А	С	А	М	Ґ	Б	А	У	Н	М

АЛЕРГІЯ
АНАТОМІЯ
АПЕТИТ
КРОВ
КАЛОРІЯ
ЗНЕВОДНЕННЯ
ДІЄТА
ХВОРОБА
ЕНЕРГІЯ
ГЕНЕТИКА
ЗДОРОВИЙ
ЛІКАРНЯ
ГІГІЄНА
ІНФЕКЦІЯ
МАСАЖ
ХАРЧУВАННЯ
ВІДНОВЛЕННЯ
СТРЕС
ВІТАМІН
ВАГА

39 - Disease

Т	С	П	А	Д	К	О	В	И	Й	К	Х	П	Н	Г	Г
Х	Е	А	Д	І	Щ	Ю	С	Е	Р	Ц	Е	О	Е	Е	Ю
П	Г	Р	С	Л	А	Б	К	И	Й	Ш	Г	П	Й	Н	Ю
Щ	Щ	Е	А	І	С	Е	И	Ї	О	Н	В	Е	Р	Е	Ч
Н	Ч	И	Є	П	В	И	К	Т	С	І	К	Р	О	Т	І
О	М	Щ	Т	Б	І	И	Н	Т	Ґ	Ю	Д	Е	П	И	М
Е	Ц	В	Ш	Я	Ь	Я	Ж	Д	О	И	М	К	А	Ч	У
Х	Р	О	Н	І	Ч	Н	И	Й	Р	Б	Є	О	Т	Н	Н
З	З	Л	Ю	Г	Ь	Н	Р	Б	Ю	О	І	В	І	І	І
А	Д	І	В	Р	Ґ	Е	Л	Д	Х	Є	М	О	Я	Ч	Т
Р	О	Т	Г	Е	Ш	Л	Д	А	Н	Х	Ь	Г	У	Ш	Е
А	Р	У	В	Л	Г	А	В	П	Ь	В	И	О	Т	Н	Т
З	О	М	Ю	А	Х	П	Л	Е	Г	Е	Н	Е	В	И	Й
Н	В	С	А	Ш	Ч	А	Д	И	Х	А	Л	Ь	Н	И	Й
И	Я	Ц	О	Д	О	З	Ґ	Р	Б	Х	Т	А	Ж	Л	П
Й	Б	А	К	Т	Е	Р	І	А	Л	Ь	Н	И	Й	Ц	Г

ЧЕРЕВНОЇ
АЛЕРГІЯ
БАКТЕРІАЛЬНИЙ
ТІЛО
КІСТКИ
ХРОНІЧНИЙ
ЗАРАЗНИЙ
ГЕНЕТИЧНІ
ЗДОРОВ'Я
СЕРЦЕ
СПАДКОВИЙ
ІМУНІТЕТ
ЗАПАЛЕННЯ
ПОПЕРЕКОВОГО
НЕЙРОПАТІЯ
ЛЕГЕНЕВИЙ
ДИХАЛЬНИЙ
СИНДРОМ
ТЕРАПІЯ
СЛАБКИЙ

40 - Time

С	Ю	Х	А	Ш	П	П	Щ	Г	Б	У	П	Л	О	Л	Х
Щ	Ь	О	Р	Л	Ч	О	Ш	Я	С	М	О	Д	Х	Ш	Г
Ф	Н	О	З	А	Р	А	З	Ш	П	У	Л	С	Ь	Х	О
Ґ	Е	Ґ	Г	Т	И	Ж	Д	Е	Н	Ь	У	Д	К	Н	Д
Щ	Д	Ц	Н	О	Е	К	І	Р	Ш	А	Д	Ф	Н	Т	И
О	Г	П	Є	Ж	Д	О	О	Я	Т	Щ	Е	М	В	О	Н
Р	Ь	Ч	У	Б	К	Н	Ч	І	Ж	А	Н	Ґ	Ф	Л	А
І	М	Х	Щ	Е	Т	А	І	О	Р	О	Ь	Е	Д	Б	Р
Ч	Й	І	Н	Н	А	Р	Н	М	А	Й	Б	У	Т	Н	Є
Н	Ь	Б	С	Т	Г	Ф	А	Я	Д	Н	Л	Є	Ж	В	М
И	П	Л	П	Я	Ч	О	К	И	Н	Н	И	Д	О	Г	Д
Й	О	О	О	К	Ц	С	А	К	Е	И	Щ	Л	И	П	А
О	В	Р	Е	І	Ь	Ь	Д	Т	Л	Р	Н	Ц	И	И	Ф
С	Т	О	Л	І	Т	Т	Я	М	А	Я	Ж	А	Ц	В	И
С	Ж	К	Ф	Д	К	П	Ґ	Н	К	Є	Я	Ґ	Х	Ч	Х
Д	Е	С	Я	Т	И	Л	І	Т	Т	Я	Є	У	В	К	Т

ЩОРІЧНИЙ
ДО
КАЛЕНДАР
СТОЛІТТЯ
ГОДИННИК
ДЕНЬ
ДЕСЯТИЛІТТЯ
РАННІЙ
МАЙБУТНЄ
ГОДИНА
ХВИЛИНА
МІСЯЦЬ
РАНОК
НІЧ
ПОЛУДЕНЬ
ЗАРАЗ
СКОРО
СЬОГОДНІ
ТИЖДЕНЬ
РІК

41 - Buildings

Л	Є	Д	Ц	П	Т	Р	Ь	П	С	Я	Я	Д	Ґ	П	Т
І	Ф	О	Н	І	К	Р	А	Ю	О	Ю	К	М	С	О	Л
К	М	Б	В	Н	Л	І	Т	Н	Щ	Х	І	П	Т	С	А
А	Ш	С	К	К	Т	Ф	А	Б	Р	И	К	А	А	О	Б
Р	Р	Е	Ю	А	Н	А	М	Е	Т	Ж	О	Г	Д	Л	О
Н	И	Р	І	Ь	Б	І	Ф	О	А	Н	М	Н	І	Ь	Р
Я	Г	В	Х	Н	Ь	І	Б	У	Е	Ю	А	С	О	С	А
К	У	А	Г	И	Ш	Ж	Н	С	Т	Л	З	П	Н	Т	Т
В	Р	Т	О	Ж	С	Т	Т	А	Д	В	Е	Щ	И	В	О
А	Т	О	Т	Е	К	Р	А	М	Р	Е	П	У	С	О	Р
Р	О	Р	Е	Д	Ю	Ж	С	С	Н	С	М	С	К	Ж	І
Т	Ж	І	Л	Ш	К	О	Л	А	А	И	Щ	У	Ж	П	Я
И	И	Я	Ь	В	Ґ	Ф	К	Е	В	Р	Р	Ю	З	Б	Б
Р	Т	Ц	Ю	Е	Д	В	Ч	Є	Ч	Ю	А	Ґ	Х	Е	С
А	О	Е	Ь	Ж	Г	Ш	А	И	Ґ	М	Г	Й	Ґ	В	Й
Н	К	А	Ц	А	У	Н	І	В	Е	Р	С	И	Т	Е	Т

КВАРТИРА
САРАЙ
КАБІНА
ЗАМОК
КІНО
ПОСОЛЬСТВО
ФАБРИКА
ЛІКАРНЯ
ГУРТОЖИТОК
ГОТЕЛЬ
ЛАБОРАТОРІЯ
МУЗЕЙ
ОБСЕРВАТОРІЯ
ШКОЛА
СТАДІОН
СУПЕРМАРКЕТ
НАМЕТ
ТЕАТР
ВЕЖА
УНІВЕРСИТЕТ

42 - Philanthropy

М	Г	П	Р	О	Б	Л	Е	М	И	К	Ф	Щ	Р	В	Ч
Е	Ь	Р	Л	Ь	Є	Щ	Ь	Д	О	Л	О	М	Ь	К	Т
Щ	С	П	У	Щ	Щ	Ч	С	Щ	Т	В	Ь	Ш	Є	Р	Ґ
Е	У	Ь	Ф	П	М	Т	Ц	П	Д	І	Т	И	Т	Р	Й
Д	Е	Т	О	Е	И	В	Т	Ж	Ш	Ь	С	С	П	И	И
Р	М	С	У	Ч	Д	Е	Е	У	Г	Ь	І	Д	Д	И	Н
І	Л	І	Ц	Ц	Ю	И	Т	К	А	Т	Н	О	К	Ю	Ь
С	И	Н	Ь	И	Л	Г	Ц	І	Б	Ґ	С	В	Л	Г	Л
Т	И	Й	Ч	М	Ж	В	Ц	А	Е	Х	Е	Ш	Щ	Р	А
Ь	Ф	І	Н	А	Н	С	И	Б	Р	Л	Ч	І	М	О	Б
К	В	Д	Ч	Р	Б	Ц	Я	Ь	Т	Ш	Ґ	М	І	М	О
Н	С	О	Ґ	Г	Х	Я	І	Р	О	Т	С	І	С	А	Л
Ж	Ь	Г	Н	О	Ф	О	Т	Т	П	И	О	Б	І	Д	Г
А	Я	А	К	Р	Ч	А	І	Р	Б	Ж	Ц	Т	Я	А	Є
Е	Х	Л	Ґ	П	Г	Р	О	М	А	Д	С	Ь	К	И	Й
Щ	Х	Б	Щ	Л	Н	О	Ш	В	Ш	О	Ш	А	Ь	Ґ	Ж

ПРОБЛЕМИ
БЛАГОДІЙНІСТЬ
ДІТИ
ГРОМАДА
КОНТАКТИ
ФІНАНСИ
КОШТИ
ЩЕДРІСТЬ
ГЛОБАЛЬНИЙ
ЦІЛІ
ГРУПИ
ІСТОРІЯ
ЧЕСНІСТЬ
ЛЮДСТВО
МІСІЯ
ПОТРЕБА
ЛЮДИ
ПРОГРАМИ
ГРОМАДСЬКИЙ
МОЛОДЬ

43 - Gardening

Ц	Ж	Т	Н	Ф	К	С	Ф	Ч	А	Ю	Р	Е	К	Ж	Є
В	В	С	С	Т	Е	Є	Р	И	К	Л	У	К	Л	Ц	Ж
О	Ж	І	Л	О	Ц	Д	У	Р	Б	Е	О	З	І	Я	Ж
Д	Н	Є	Т	А	П	Ь	К	М	Р	Ґ	Г	О	М	Ь	Ш
А	У	Ш	Щ	Ґ	Я	М	Т	Е	К	У	Б	Т	А	Ь	Е
О	Ю	Ф	Н	Ь	І	Г	О	Л	О	В	Н	И	Т	Т	Е
Б	І	В	О	К	Т	І	В	К	Н	Д	І	Ч	К	Щ	Б
У	О	И	И	Г	Ф	Ж	И	Ґ	Ч	М	Ц	Н	П	Б	П
І	Б	Є	Ч	Ґ	С	У	Й	Х	Р	Е	Ш	І	Д	У	С
Й	И	Н	Н	О	З	Е	С	Ч	Ю	У	Т	Ґ	П	Ж	Ю
Ь	Щ	М	Г	И	У	Ц	А	У	Щ	Г	Н	А	Л	Ш	Г
Ш	Ф	О	Х	К	Д	К	Д	И	В	С	Я	Т	Я	С	У
Г	Щ	И	Ч	Н	Щ	Й	И	Н	В	І	Т	С	Ї	Л	И
П	Ь	Б	О	Т	А	Н	І	Ч	Н	И	Й	И	А	Х	С
Л	К	О	Н	Т	Е	Й	Н	Е	Р	С	А	Л	Т	Т	Ш
Ґ	Л	И	С	Т	Я	Н	Н	І	С	А	Н	Є	Ж	Ґ	С

ЦВІТ
БОТАНІЧНИЙ
БУКЕТ
КЛІМАТ
КОМПОСТ
КОНТЕЙНЕР
БРУД
ЇСТІВНИЙ
ЕКЗОТИЧНІ
КВІТКОВІ
ЛИСТЯ
ШЛАНГ
ЛИСТ
ВОЛОГІ
ФРУКТОВИЙ САД
СЕЗОННИЙ
НАСІННЯ
ҐРУНТ
ВИД
ВОДА

44 - Herbalism

І	Н	Р	А	Н	І	Л	У	К	Ш	А	Ф	Р	А	Н	Л
О	Н	А	Г	Е	Р	О	Ч	Я	В	Н	І	Х	К	В	А
К	И	Г	Є	М	Щ	Е	А	Г	К	И	И	Ц	Ш	Л	В
І	Р	Ю	Р	Т	А	М	О	Р	А	Л	Т	Ш	У	З	А
Є	А	В	В	Е	Б	Й	Щ	Ь	Т	С	Ю	Г	Р	Е	Н
Д	М	Д	І	П	Д	Е	О	М	Я	О	Е	Ч	Т	Л	Д
Т	З	Щ	Ю	Я	А	І	Г	Р	М	Р	Т	Ґ	Е	Е	А
Ц	О	Ш	О	Л	С	Ц	Є	В	А	Ґ	І	Ш	П	Н	І
Ь	Р	О	Ь	Р	І	Л	Ш	Н	Є	Н	Ж	Ж	Є	И	Т
Л	Л	Щ	Ч	Т	У	Ж	Я	Д	Т	Ь	К	В	Ш	Й	Ь
Н	О	Г	А	Р	Т	С	Е	В	Є	Е	Д	Т	Ю	І	Ґ
М	М	Н	С	У	Ь	М	Н	Х	А	К	Т	І	В	К	І
Н	Ц	П	Н	І	Т	Б	Ц	Ь	К	С	Щ	Л	Ґ	Ш	Ж
Х	Ґ	Й	И	Н	Д	І	Г	И	В	А	И	К	Ь	Ф	Ш
Ш	Ь	Ч	К	Ф	Е	Н	Х	Е	Л	Ь	Щ	Л	Є	Ю	Є
А	Р	О	М	А	Т	И	Ч	Н	И	Й	С	Я	Ь	М	Ш

АРОМАТИЧНИЙ
ВАСИЛЬ
ВИГІДНИЙ
КУЛІНАРНІ
ФЕНХЕЛЬ
АРОМАТ
КВІТКА
САД
ЧАСНИК
ЗЕЛЕНИЙ
ІНГРЕДІЄНТ
ЛАВАНДА
МАЙОРАН
М'ЯТА
ОРЕГАНО
ПЕТРУШКА
РОСЛИНА
РОЗМАРИН
ШАФРАН
ЕСТРАГОН

45 - Vehicles

А	В	Т	О	М	О	Б	І	Л	Ь	Ґ	Д	Щ	Є	Ь	Л
В	А	Н	Т	А	Ж	І	В	К	А	Є	С	Р	Н	С	Ю
Ь	Т	Ш	И	Ш	Е	Ф	С	Я	Щ	У	И	Щ	Ч	Ц	Ж
Ґ	Н	Ш	П	К	Х	В	Щ	О	Д	В	Ч	Р	П	Б	Ч
К	І	Р	Ш	Ю	Е	Е	П	Б	В	И	И	Щ	Ф	Ц	О
Ч	В	Ю	И	Д	К	Л	О	Г	И	Ґ	М	Б	Д	Т	В
К	А	Х	Н	Р	К	О	Ї	Е	Г	І	Ж	Х	Ж	Г	Н
О	Ф	Є	И	К	Ф	С	З	С	У	Б	О	Т	В	А	И
М	О	Т	О	Р	В	И	Д	С	Н	А	В	А	Р	А	К
П	О	Р	О	М	Ч	П	В	Е	Р	Т	О	Л	І	Т	Ґ
М	Р	І	П	Н	О	Е	И	В	Л	Щ	Е	Т	С	Л	Х
Я	Т	А	Ф	Б	В	Д	С	К	У	Т	Е	Р	К	І	І
Ф	Е	Щ	К	Є	Е	Х	К	С	А	П	І	Щ	А	Т	О
Г	М	І	Щ	Е	Н	Л	Д	О	Е	Л	Л	О	Т	А	Ш
С	Ж	Е	Р	О	Т	К	А	Р	Т	Е	Ч	І	Н	К	П
У	В	Ґ	Ф	О	І	А	Ю	Л	Е	Х	Ф	Є	Т	Ю	Х

ЛІТАК
ВЕЛОСИПЕД
ЧОВЕН
АВТОБУС
АВТОМОБІЛЬ
КАРАВАН
ДВИГУН
ПОРОМ
ВЕРТОЛІТ
МОТОР
ПЛІТ
РАКЕТА
СКУТЕР
ЧОВНИК
МЕТРО
ТАКСІ
ШИНИ
ТРАКТОР
ПОЇЗД
ВАНТАЖІВКА

46 - Flowers

М	Л	Ь	Р	В	К	Ь	К	К	Т	Ж	Г	І	Ґ	К	Е
А	А	И	О	С	У	А	Л	О	О	Р	В	Ґ	П	Ш	Є
Г	В	Є	М	И	Л	Ь	М	З	Ю	Н	О	Є	Ч	Ш	Х
Н	А	М	А	Р	Ь	Ґ	Г	У	Р	Ю	Ю	Я	Ш	К	Х
О	Н	Ч	Ш	А	Б	К	Т	Б	Ю	У	Д	Ш	Н	Є	Ч
Л	Д	Д	К	В	А	К	Т	С	Ю	Л	Е	П	И	Д	Ю
І	А	Г	А	К	Б	П	І	В	О	Н	І	Я	М	Н	А
Я	І	Є	Ц	И	А	О	Р	Х	І	Д	Е	Я	С	А	А
О	У	І	К	Н	П	Ю	Е	О	І	І	О	Д	А	П	Х
Ж	Ч	И	Х	Ш	П	Л	Ю	М	Е	Р	І	Я	Ж	Ь	Ф
Н	Є	Г	В	Я	Н	Х	Л	Ч	Я	Ч	Д	І	Я	Л	Щ
К	А	Л	Е	Н	Д	У	Л	А	П	І	Є	Л	Ч	Ю	Д
О	Ґ	А	І	О	Ь	Ш	С	Ш	Л	Д	Я	І	Щ	Т	Н
Л	Є	О	Х	С	У	К	С	І	Б	І	Г	Л	Д	Л	Ґ
И	С	Н	И	В	Ц	Б	Щ	Г	А	Р	Д	Е	Н	І	Я
Б	У	К	Е	Т	Л	С	Щ	Щ	І	Ф	Є	Ж	Е	Л	Ю

БУКЕТ
КАЛЕНДУЛА
КОНЮШИНА
РОМАШКА
КУЛЬБАБА
ГАРДЕНІЯ
ГІБІСКУС
ЖАСМИН
ЛАВАНДА
БУЗОК
ЛІЛІЯ
МАГНОЛІЯ
ОРХІДЕЯ
ПІВОНІЯ
ПЕЛЮСТКА
ПЛЮМЕРІЯ
МАК
ТРОЯНДА
СОНЯШНИК
ТЮЛЬПАН

47 - Health and Wellness #1

Р	Л	Ф	М	Ю	В	В	І	Х	В	Е	М	Ч	Е	Б	Л
У	Е	І	Т	Л	Т	Ж	Л	Є	Л	И	Ж	К	О	Щ	І
Є	З	Ф	К	Г	Щ	П	Л	Ш	Щ	А	Т	Р	Е	М	К
Ш	В	У	Л	А	И	Л	Ф	Д	І	Ш	В	Ь	Й	Е	У
К	И	М	Н	Е	Р	Ф	Г	О	Р	М	О	Н	И	Д	В
І	Ч	Ю	Ф	С	К	Р	І	Л	У	Ж	С	А	Н	И	А
Р	К	А	Д	Ш	Ь	С	Г	О	У	Щ	Т	Л	В	Ц	Н
А	А	Т	О	С	И	В	П	Г	Л	А	Ч	Ч	И	И	Н
Н	Е	Р	В	И	З	Я	М	И	Е	Д	Л	Я	Т	Н	Я
К	Ж	С	Ь	К	К	І	О	Ї	І	Р	Е	Т	К	А	Б
Л	Ю	Ь	Ш	Т	Ь	П	Л	В	Н	В	О	С	А	К	О
І	Д	Щ	Х	С	Ш	А	Е	Х	І	Щ	П	М	Ю	Е	Г
Н	Д	Щ	Я	І	К	Р	Р	Є	Ґ	Р	Ш	Ь	І	Т	Б
І	Ф	М	К	К	М	Е	Е	Ю	Щ	Д	У	У	И	П	Ю
К	Б	А	Ь	А	Р	Т	П	Ж	Щ	Х	Р	С	І	А	Ю
А	Ю	Л	Р	О	З	С	Л	А	Б	Л	Е	Н	Н	Я	Ф

АКТИВНИЙ
БАКТЕРІЇ
КІСТКИ
КЛІНІКА
ЛІКАР
ПЕРЕЛОМ
ЗВИЧКА
ВИСОТА
ГОРМОНИ
ГОЛОД
МЕДИЦИНА
М'ЯЗИ
НЕРВИ
АПТЕКА
РЕФЛЕКС
РОЗСЛАБЛЕННЯ
ШКІРА
ТЕРАПІЯ
ЛІКУВАННЯ
ВІРУС

48 - Town

Ж	Р	Т	Ь	Ч	Щ	Я	Т	В	П	Т	Р	Ж	Ц	Ч	У
Ф	Є	Є	Т	С	Т	А	Д	І	О	Н	Щ	Ц	Ц	С	Ф
Л	Л	Т	Ґ	Л	Ч	Р	П	Г	О	М	Й	Е	З	У	М
Г	Х	С	Ь	С	У	П	Ш	Ю	Ш	Ц	Ь	К	Д	П	Г
Ж	У	И	І	У	К	Ь	А	М	Ш	П	Щ	А	І	Е	У
Щ	Ґ	Р	Г	Б	Н	Н	Ґ	Х	Ч	И	Я	Ґ	Б	Р	И
Н	Ц	О	Ь	І	А	І	Б	С	Ч	Ґ	В	Х	Я	М	Б
Т	Л	Л	Л	Б	Б	Е	В	Г	Т	Є	К	В	І	А	Ж
К	А	Ф	Е	Л	Я	Е	Р	Е	Л	А	Г	Ш	Н	Р	Д
О	К	Р	Т	І	Ш	Е	А	О	Р	Т	А	Е	Т	К	М
Н	І	Ц	О	О	Е	Р	А	Н	П	С	М	Є	Л	Е	А
И	Н	А	Г	Т	Щ	Ґ	Ф	І	Р	О	И	И	Ґ	Т	Г
Р	І	Х	С	Е	А	Л	О	К	Ш	О	Р	Т	П	Ю	А
Е	Л	Ф	Ю	К	П	Е	К	А	Р	Н	Я	Т	Е	Є	З
И	К	Ж	Д	А	К	Е	Т	П	А	Я	Є	П	Н	Т	И
Я	Ж	Є	М	Р	М	З	О	О	П	А	Р	К	П	О	Н

АЕРОПОРТ
ПЕКАРНЯ
БАНК
КАФЕ
КІНО
КЛІНІКА
ФЛОРИСТ
ГАЛЕРЕЯ
ГОТЕЛЬ
БІБЛІОТЕКА
РИНОК
МУЗЕЙ
АПТЕКА
ШКОЛА
СТАДІОН
МАГАЗИН
СУПЕРМАРКЕТ
ТЕАТР
УНІВЕРСИТЕТ
ЗООПАРК

49 - Antarctica

С	С	Л	Ч	Я	Р	О	Ц	П	Д	Г	Ю	Л	И	Ш	Н
В	Е	Т	У	І	Ц	С	Л	Ґ	О	А	В	Ц	Г	Ю	Щ
В	О	Р	С	Ц	Х	Т	К	М	С	А	Ш	Ж	Т	Я	Ц
Р	Щ	Д	Е	И	И	Р	Г	И	Л	А	Р	Е	Н	І	М
Ю	Я	Д	А	Д	Ш	І	Ь	Я	І	Т	Л	З	Е	Ц	С
Л	Ю	Б	І	Е	О	В	Ґ	Е	Д	Е	І	Б	Н	А	К
Ь	Р	І	А	П	Є	В	Р	Г	Н	М	Д	Е	И	Р	Е
О	Н	О	Р	С	Н	Ь	И	Т	И	П	В	Р	Т	Г	Л
Д	Л	Я	К	К	Г	Й	В	Щ	К	Е	Ь	Е	Н	І	Я
О	Ю	К	Ь	Е	Л	И	П	Ж	Е	Р	А	Ж	О	М	С
В	І	Р	Т	С	О	В	І	П	Щ	А	П	Е	К	М	Т
И	Х	М	А	Р	И	О	Д	М	О	Т	С	Н	Ц	Х	И
К	К	Ґ	Ф	Г	Л	К	Т	Е	Я	У	Т	Н	О	Х	Й
І	М	Б	І	Ч	Е	У	Є	Ж	С	Р	І	Я	К	Щ	Л
В	Д	Ґ	Р	Ч	Х	А	Т	П	К	А	Т	Х	У	Б	Г
Х	Ц	Д	Л	Т	Ф	Н	Г	Е	О	Г	Р	А	Ф	І	Я

БУХТА
ПТАХ
ХМАРИ
ЗБЕРЕЖЕННЯ
КОНТИНЕНТ
СЕРЕДОВИЩЕ
ЕКСПЕДИЦІЯ
ГЕОГРАФІЯ
ЛЬОДОВИКІВ
ЛІД
ОСТРІВ
МІГРАЦІЯ
МІНЕРАЛИ
ПІВОСТРІВ
ДОСЛІДНИК
СКЕЛЯСТИЙ
НАУКОВИЙ
ТЕМПЕРАТУРА
ВОДА

50 - Ballet

Р	Ш	А	И	А	Д	О	Я	П	Й	Ч	Н	М	Ю	Щ	В
Т	В	И	Т	О	Н	Ч	Е	Н	И	Й	А	С	П	Я	Ю
Ь	А	Ц	Ю	У	Я	Т	Ж	Я	Н	І	В	Т	Е	Б	Р
Ю	К	Н	Р	Д	І	Е	Щ	Ш	З	Н	И	И	Ц	И	У
Ж	И	Т	Ц	Х	Ф	Є	Р	Ф	А	Ж	Ч	Л	З	Н	М
Я	З	Е	Д	Ю	А	Ґ	Я	Я	Р	О	К	Ь	Р	Я	С
П	У	Х	И	А	Р	Д	Ч	І	И	Д	А	Р	И	Т	М
Р	М	Н	Т	Р	Г	И	С	Р	В	У	Ж	Ф	Г	С	Ж
А	И	І	Ж	О	О	К	С	О	П	Х	А	Е	П	І	Р
К	Л	К	В	С	Е	О	Є	Т	Т	Я	Щ	И	С	Р	О
Т	Ж	А	Ч	І	Р	Р	М	И	І	А	Д	Ц	Є	Т	П
И	Ц	Е	Л	Р	О	У	Я	Д	Е	В	Щ	Р	О	С	Л
К	Д	Ж	Є	И	Х	Ґ	Б	У	В	Є	В	Е	Б	Е	Е
А	Н	И	Р	Е	Л	А	Б	А	М	Б	Ф	Ю	К	К	С
І	Н	Т	Е	Н	С	И	В	Н	І	С	Т	Ь	Ж	Р	К
М	Щ	К	О	М	П	О	З	И	Т	О	Р	М	Ж	О	И

ОПЛЕСКИ
ХУДОЖНІЙ
АУДИТОРІЯ
БАЛЕРИНА
ХОРЕОГРАФІЯ
КОМПОЗИТОР
ТАНЦЮРИСТІВ
ВИРАЗНИЙ
ЖЕСТ
ВИТОНЧЕНИЙ
ІНТЕНСИВНІСТЬ
УРОКИ
М'ЯЗИ
МУЗИКА
ОРКЕСТР
ПРАКТИКА
РИТМ
НАВИЧКА
СТИЛЬ
ТЕХНІКА

51 - Fashion

Н	Р	М	М	Ґ	Ф	Ю	К	В	О	Ж	О	Р	Ж	Є	Д
Т	О	Е	Ц	Ь	Д	Т	Н	І	Е	Ь	Ж	Ґ	Д	Б	І
И	Е	С	Т	И	Л	Ь	О	З	П	Ш	Ч	А	Ц	С	Є
Н	Щ	К	О	Х	Р	Е	П	Е	Н	М	Н	Р	Д	Ц	Д
Н	Й	И	С	С	С	А	К	Р	Н	Б	С	І	И	П	Е
Г	И	Т	О	Т	У	Н	И	У	Т	Н	Ф	Ґ	П	Ш	Л
Р	Н	У	Д	П	У	Й	И	Н	Т	Н	А	Г	Е	Л	Е
Д	М	Б	Я	Є	К	Р	Б	О	Є	Ь	Ф	У	Ц	Д	Я
І	О	М	Г	Ь	Р	М	А	К	В	И	Ш	И	В	К	Щ
Д	Р	Р	Х	О	И	К	Р	У	Й	И	Т	С	О	Р	П
Ь	К	Щ	О	Ь	П	Р	О	Ч	Є	Ю	Ж	Х	Е	Н	О
В	С	Я	Т	Г	Х	Х	К	М	В	Ч	Я	Е	Ю	Р	Ш
Г	В	Т	Ч	Ч	О	Т	К	А	Н	И	Н	А	Р	В	Ч
П	Р	А	К	Т	И	Ч	Н	И	Й	Х	Ф	Н	В	Е	М
В	И	М	І	Р	Ю	В	А	Н	Н	Я	Я	П	Т	Ь	М
О	Р	И	Г	І	Н	А	Л	С	У	Ч	А	С	Н	И	Й

БУТИК
КНОПКИ
ОДЯГ
ЕЛЕГАНТНИЙ
ВИШИВКА
ДОРОГО
ТКАНИНА
МЕРЕЖИВО
ВИМІРЮВАННЯ
СУЧАСНИЙ
СКРОМНИЙ
ОРИГІНАЛ
ВІЗЕРУНОК
ПРАКТИЧНИЙ
ПРОСТИЙ
СТИЛЬ
ТЕКСТУРА

52 - Human Body

М	Н	Щ	Щ	Т	Р	О	Ш	Г	Є	Ц	С	Т	Ь	Г	Ц
П	І	Д	Б	О	Р	І	Д	Д	Я	Щ	Е	Л	Е	П	А
И	В	Ф	Ч	Р	Е	Ц	Р	Е	С	Ч	П	Н	Н	Ц	О
Б	П	О	Б	Л	И	Ч	Ч	Я	Ш	И	Я	І	О	Б	Щ
Ч	И	Х	Р	У	Р	О	Е	Л	О	В	Ф	С	Г	Ж	И
Щ	Р	У	П	К	И	Т	Р	Л	Д	Т	К	Ґ	А	Н	К
Я	Т	В	Т	П	Л	Г	Т	Р	П	Т	У	О	В	И	О
П	О	І	Щ	Щ	К	П	Б	О	П	И	И	Л	О	Г	Л
К	П	А	Л	Е	Ц	Ь	К	И	Є	А	П	К	Л	Г	О
П	І	Ю	Е	А	Я	Т	А	У	П	Н	Ц	Ь	О	М	Т
Ж	Ґ	С	Є	Н	Ц	О	І	Щ	К	Ж	П	Б	Г	У	К
У	У	К	Т	У	Л	К	О	З	О	М	Ш	И	Ю	М	И
Е	Ь	Д	Ж	К	Ю	І	А	Ж	Л	Ч	Ш	С	Г	Х	П
Н	С	Г	М	П	И	Л	А	Р	І	К	Ш	П	Г	Р	Г
І	Ф	Д	Б	Ю	Ч	Ю	Б	Ш	Н	В	Ф	Ч	Д	Ю	Ґ
І	Г	Д	Н	Л	С	Ь	Н	Ж	А	К	У	Р	Е	Ц	І

ЩИКОЛОТКИ
КРОВ
КІСТКИ
МОЗОК
ПІДБОРІДДЯ
ВУХО
ЛІКОТЬ
ОБЛИЧЧЯ
ПАЛЕЦЬ
РУКА
ГОЛОВА
СЕРЦЕ
ЩЕЛЕПА
КОЛІНА
НОГА
РОТ
ШИЯ
НІС
ПЛЕЧЕ
ШКІРА

53 - Musical Instruments

С	О	О	Ц	Я	Ч	Д	Ш	Щ	П	Л	В	Г	Р	Я	С
Е	А	К	І	Н	О	М	Р	А	Г	І	А	О	Б	Ц	К
У	Б	К	Л	В	Ф	Н	Г	С	Б	І	С	М	Ж	О	Р
Ф	У	Е	С	І	І	А	Р	А	Т	І	Г	І	С	І	И
П	Р	С	О	О	В	О	Г	С	Є	Ю	Я	Л	Є	М	П
Б	Т	Ь	Л	Ж	Ф	Е	Л	О	Ь	Я	К	К	Ь	Т	К
Д	Н	Є	Л	Д	С	О	П	О	Т	Щ	І	И	О	Р	А
Л	Я	Ь	І	Н	Я	Р	Н	П	Н	Ш	Я	Р	Х	О	М
А	Р	Ф	А	А	О	Ґ	І	К	І	Ч	О	Г	Щ	М	Є
У	Ц	Ц	Н	Б	Д	Д	Ь	К	Ґ	С	Е	Ш	Н	Б	Е
Ф	Л	Е	Й	Т	А	О	Д	Ю	К	Ц	У	Л	У	О	В
І	Н	О	Б	У	Б	Б	А	Р	А	Б	А	Н	Ь	Н	В
Г	Ч	Г	С	Д	Г	О	Б	О	Й	Х	Ч	Ь	Ю	Ц	Я
Ш	Г	О	Н	А	І	П	Е	Т	Р	О	Ф	И	В	Ж	Я
Г	Т	Е	Н	Р	А	Л	К	Т	П	Л	С	Ь	Ь	Е	М
М	А	Н	Д	О	Л	І	Н	А	Г	О	Н	Г	І	И	Ф

БАНДЖО
ФАГОТ
ВІОЛОНЧЕЛЬ
КЛАРНЕТ
БАРАБАН
ГОМІЛКИ
ФЛЕЙТА
ГОНГ
ГІТАРА
ГАРМОНІКА
АРФА
МАНДОЛІНА
ГОБОЙ
УДАР
ФОРТЕПІАНО
САКСОФОН
БУБОН
ТРОМБОН
ТРУБА
СКРИПКА

54 - Fruit

И	Р	Ж	Е	Г	М	В	Ь	Р	М	Ж	Н	Ц	Ґ	Ц	Щ
О	Т	С	С	У	Т	А	Ь	Г	О	М	К	І	Е	Л	П
У	Б	Є	Ф	А	Ч	Є	Н	П	И	Ф	И	Ш	Ш	С	Ж
Ю	И	Р	Н	В	Н	Т	Ю	Г	К	Ц	С	Ж	А	Є	Ж
И	Ж	Я	Й	А	П	А	П	І	О	Г	Р	У	Ш	А	П
Н	Г	Б	Н	К	Г	Ж	Н	Г	Д	Я	Е	М	Б	Д	О
К	О	К	О	С	Ґ	Н	И	А	А	Є	П	И	Ґ	О	М
Г	Х	Ь	Н	Ч	И	Х	Р	Х	К	Ч	Я	Д	Ж	Г	Т
І	Б	А	Н	А	Н	Е	А	Ь	О	К	У	Л	Б	Я	Б
К	Я	І	О	Б	Е	В	Т	І	В	І	К	І	Л	Ж	Н
Ш	И	У	М	М	И	М	К	Ж	А	С	Р	Н	Т	Д	О
І	М	Р	И	Б	А	Ф	Е	В	И	Н	О	Г	Р	А	Д
Д	П	С	Л	Л	И	Л	Н	К	Ч	Б	В	А	Щ	Ю	Л
И	С	Л	Я	Є	П	Ь	И	Е	Л	И	Ш	Ґ	І	Б	Ь
Н	А	Б	Р	И	К	О	С	Н	Є	Б	Ф	І	Г	Ш	І
Я	Н	Ш	И	В	Ш	Ь	У	Ж	А	В	Ж	Ф	О	Г	У

ЯБЛУКО
АБРИКОС
АВОКАДО
БАНАН
ЯГОДА
ВИШНЯ
КОКОС
ФІГ
ВИНОГРАД
ГУАВА
КІВІ
ЛИМОН
МАНГО
ДИНЯ
НЕКТАРИН
ПАПАЙЯ
ПЕРСИК
ГРУША
АНАНАС
МАЛИНА

55 - Engineering

Ц	Н	Ш	Х	А	Р	У	Т	К	У	Р	Т	С	С	Н	І
О	Р	Х	Ь	М	Л	Ж	Д	Д	У	О	Л	Е	Т	Т	В
Р	О	З	Р	А	Х	У	Н	О	К	Т	І	Н	А	О	А
В	И	М	І	Р	Ю	В	А	Н	Н	Я	Л	Б	Б	В	Ж
І	Ю	К	Х	Г	Ш	Н	Н	У	О	Я	І	О	І	Е	Е
К	А	Х	К	А	І	Х	И	Г	О	Х	М	Я	Л	Ф	Л
Д	Ю	Ю	Ц	І	О	С	Д	И	В	Г	Я	Є	Ь	Ґ	І
Д	Г	О	Д	Д	Ф	Г	І	В	Т	Ю	Н	Ф	Н	Ф	Д
Ш	И	Ь	Д	Ч	П	Ш	Р	Д	Ц	Е	Р	В	І	Р	І
Щ	Д	Л	Е	Ю	Ф	А	Х	І	И	Д	Е	И	С	М	А
Е	І	Е	Ґ	С	Н	Я	О	Є	Н	Й	Т	Ш	Т	О	М
Р	О	З	П	О	Д	І	Л	Р	В	І	С	Ь	Ь	Т	Е
А	Н	И	Ш	А	М	І	Х	Е	І	Ш	Е	Я	Я	О	Т
Ш	И	Д	Ф	Н	П	І	Н	Ґ	Д	У	Ш	Ю	Р	Р	Р
Ж	Е	Н	Е	Р	Г	І	Я	В	У	Р	Т	О	Л	Н	Ю
Г	Л	И	Б	И	Н	А	Г	Н	Б	Р	У	Ш	М	Ч	Ю

КУТ
ВІСЬ
РОЗРАХУНОК
БУДІВНИЦТВО
ГЛИБИНА
ДІАГРАМА
ДІАМЕТР
ДИЗЕЛЬ
РОЗПОДІЛ
ЕНЕРГІЯ
ДВИГУН
ШЕСТЕРНЯ
ВАЖЕЛІ
РІДИНА
МАШИНА
ВИМІРЮВАННЯ
МОТОР
РУШІЙ
СТАБІЛЬНІСТЬ
СТРУКТУРА

56 - Kitchen

І	Ц	Х	Є	М	Ю	Г	Р	И	Л	Ь	Х	Щ	Щ	Д	Ь
Ч	Х	О	Л	О	Д	И	Л	Ь	Н	И	К	В	А	Л	Г
Ж	А	О	І	Ж	Ц	Л	Р	Л	О	Л	Ч	К	Ь	Ю	Я
Ч	Ж	Ш	Р	Ж	Т	У	Д	І	С	Х	Т	М	Б	Е	Ф
В	Ї	Л	А	М	О	Р	О	З	И	Л	Ь	Н	И	К	А
Т	К	П	Ж	Ц	Е	Н	Ґ	В	Р	О	Ж	А	К	В	Р
С	П	Е	Ц	І	Ї	В	Ж	Є	Ж	Е	Ю	К	Ш	И	Т
Я	І	О	Я	Ж	Г	Л	Е	Ч	И	К	Ц	Т	А	Л	У
Ь	Б	Ж	Є	Р	І	Л	С	І	М	Е	Ц	Е	Ч	К	Х
Г	У	Б	К	А	Є	О	Ч	Ф	Д	Л	М	В	П	И	П
Ч	Г	П	О	Р	Я	Ж	Ь	Ч	Ч	Г	М	Р	Я	Т	І
Ь	Ь	Е	Я	Н	К	К	Щ	Т	А	Ф	Щ	Е	Ш	Г	Ч
А	Г	А	Л	Є	К	И	Я	Ґ	Й	Х	Я	С	Ж	И	Є
В	В	Д	В	Ч	Ґ	Ю	Ц	Х	Н	К	Ж	Є	Щ	Н	Т
Щ	Б	Д	Я	Ш	Г	Щ	Щ	Л	И	Е	Ь	Ж	Ю	П	С
П	А	Л	И	Ч	К	А	М	И	К	Я	К	Ф	Н	Ц	О

ФАРТУХ
ЧАША
ПАЛИЧКАМИ
ЧАШКИ
ЇЖА
ВИЛКИ
МОРОЗИЛЬНИК
ГРИЛЬ
ГЛЕК
ГЛЕЧИК
ЧАЙНИК
НОЖІ
СЕРВЕТКА
ПІЧ
РЕЦЕПТ
ХОЛОДИЛЬНИК
СПЕЦІЇ
ГУБКА
ЛОЖКИ

57 - Government

Г	П	Х	Б	Е	Д	О	Р	Ц	О	С	Ь	Р	Р	Р	Б
Ж	А	Б	Л	Ш	Е	В	П	К	Б	Я	Т	Х	Г	А	К
И	М	О	И	І	М	Т	У	А	Г	Е	С	А	Я	Й	Н
О	Я	Я	Ш	Й	О	С	Г	И	О	А	І	Д	Н	О	Т
Т	Т	Ф	Ґ	И	К	Н	С	Ь	В	Р	Н	О	Н	Н	С
Е	Н	Ж	Ч	Н	Р	Я	Д	Д	О	Н	Ж	Б	Е	М	У
Д	И	Л	Я	Ь	А	Д	Л	А	Р	Ц	Е	О	Л	Х	Д
Р	К	Г	І	Л	Т	А	О	Р	Е	Д	Л	В	В	Ж	О
Ч	І	Ж	Ц	А	І	М	В	Ч	Н	Ь	А	С	О	Е	В
Х	М	В	А	Н	Я	О	М	Є	Н	А	З	І	М	О	О
З	Р	Ь	Н	О	Н	Р	И	М	Я	Р	Е	Д	І	Л	Ї
Ц	А	Л	О	І	Т	Г	С	Ч	Т	Ю	Н	Ю	І	Ш	Е
Щ	Ь	К	А	Ц	С	П	О	Л	І	Т	И	К	А	Б	Ь
И	Ь	Д	О	А	С	Т	Ц	И	В	І	Л	Ь	Н	И	Й
М	Ґ	Я	П	Н	Д	Ь	Ь	Р	Ц	Є	Ц	Ґ	И	Ж	Ж
О	П	Ж	Б	К	О	Н	С	Т	И	Т	У	Ц	І	Я	Б

ГРОМАДЯНСТВО
ЦИВІЛЬНИЙ
КОНСТИТУЦІЯ
ДЕМОКРАТІЯ
ОБГОВОРЕННЯ
РАЙОН
РІВНІСТЬ
НЕЗАЛЕЖНІСТЬ
СУДОВОЇ
ЗАКОН
ЛІДЕР
СВОБОДА
ПАМ'ЯТНИК
НАЦІЯ
НАЦІОНАЛЬНИЙ
МИРНО
ПОЛІТИКА
МОВЛЕННЯ
СТАН
СИМВОЛ

58 - Art Supplies

Ж	Л	О	Г	Ж	О	Н	Ф	О	Є	К	И	Ф	Л	К	А
Ф	У	Л	У	Й	Е	Л	К	Г	К	Є	С	Ц	Ш	Ш	К
І	Щ	І	М	Ь	Т	С	І	Ч	Р	О	В	Т	Л	Ф	В
К	О	Я	К	Е	Щ	Й	И	В	О	Л	И	Р	К	А	А
А	А	Ц	А	А	Т	М	Ю	Л	Ц	Ч	Х	П	В	Д	Р
М	П	И	Б	Р	А	Ф	И	Ю	Щ	І	Л	Л	Б	О	Е
Е	Ц	Л	Ш	Ь	О	І	К	О	Л	Ь	О	Р	И	В	Л
Р	Ж	Б	Ч	І	Г	Л	И	Н	А	Д	Я	О	Я	Х	І
А	Н	А	Ю	П	Н	Е	И	Е	Щ	Ч	Я	И	Ю	И	Ш
А	К	Т	І	Щ	Є	Т	И	Н	Є	К	Ч	Ґ	Є	У	Щ
Х	И	Р	К	Щ	Н	С	Я	Т	Р	Е	Б	Ь	Л	О	М
В	Г	Т	І	К	Ь	А	І	Ґ	Ш	О	В	Т	С	С	Ч
Ь	Д	Б	Ч	С	Ґ	П	Д	Т	Е	Є	Ч	Ф	Н	Л	І
Ш	М	Ж	Е	Н	Л	Л	С	Ь	Ж	Ь	В	К	А	Г	Д
П	А	П	І	Р	О	О	Щ	Ж	К	Д	О	Ю	Л	Б	Е
Є	К	Ю	Е	Щ	Є	Ю	У	В	І	Ь	Р	У	Я	М	Ї

АКРИЛОВИЙ
ЩІТКА
КАМЕРА
КРІСЛО
ГЛИНА
КОЛЬОРИ
ТВОРЧІСТЬ
МОЛЬБЕРТ
ГУМКА
КЛЕЙ
ІДЕЇ
ЧОРНИЛО
ОЛІЯ
ФАРБИ
ПАПІР
ПАСТЕЛІ
ОЛІВЦІ
ТАБЛИЦЯ
ВОДА
АКВАРЕЛІ

59 - Science Fiction

Н	А	І	Д	Ґ	Ж	Е	Х	Н	Т	Е	Є	Н	Ф	Ь	У
Й	И	Н	М	О	Т	А	С	І	П	Л	А	Н	Е	Т	А
И	В	Ч	Ш	І	Ж	В	В	Р	М	У	Т	О	П	І	Я
Н	И	К	Щ	У	Ц	Ч	І	Ж	Ц	І	Є	Є	К	У	І
Ч	Б	Ш	Д	К	А	Я	Т	Ю	Х	І	К	У	Ь	С	З
И	У	П	Й	И	Ч	И	Н	М	Є	А	Т	А	Х	Ь	Ю
Т	Х	К	Б	Н	Г	Є	Г	Е	О	А	Р	К	Л	Ж	Л
С	Е	Є	Й	О	Б	И	Ь	Є	Р	Н	О	И	Ж	І	І
А	И	Х	И	Л	К	І	Н	О	А	Т	Б	Т	Е	Ц	Ї
Т	Н	Ґ	Н	К	Ф	Т	О	К	К	И	О	К	М	Д	С
Н	Ц	Ф	В	О	Х	С	Г	У	У	У	Т	А	Є	Н	Ч
А	Щ	Е	Я	І	Л	И	О	Ж	Л	Т	И	Л	М	И	Е
Ф	О	Ц	У	О	Г	О	В	Ч	Я	О	Я	А	П	Щ	Ю
С	Ш	І	Є	Ж	Ж	М	Г	В	В	П	А	Г	Ю	Ш	Ш
П	Ш	Я	В	О	Х	Ґ	Р	І	Н	І	О	Ш	Н	Ю	У
О	П	Г	Ш	Р	К	Ґ	У	Ц	Я	Я	Ф	Д	Г	Ь	С

АТОМНИЙ
КНИГИ
ХІМІКАЛІЇ
КІНО
КЛОНИ
АНТИУТОПІЯ
ВИБУХ
ФАНТАСТИЧНИЙ
ВОГОНЬ
ГАЛАКТИКА
ІЛЮЗІЯ
УЯВНИЙ
ТАЄМНИЧИЙ
ОРАКУЛ
ПЛАНЕТА
РОБОТИ
ТЕХНОЛОГІЯ
УТОПІЯ
СВІТ

60 - Geometry

В	Е	Р	Т	И	К	А	Л	Ь	Н	І	В	М	И	Д	Г
С	И	М	Е	Т	Р	І	Я	О	Ж	Р	И	А	К	І	О
Ш	И	Ч	П	Ч	Л	Ж	Н	Я	Я	Р	М	С	Р	А	М
Р	О	З	Р	А	Х	У	Н	О	К	І	І	А	И	М	М
С	Е	М	Б	Я	А	Ю	Ц	Л	Т	В	Р	К	В	Е	Е
Ш	Е	Т	М	Д	Ж	Ц	И	О	Б	Н	Н	О	А	Т	Д
Б	П	Г	Ж	І	М	А	Х	К	Г	Я	Ч	И	Е	Р	І
К	Р	Ц	М	А	К	І	Г	О	Л	Н	М	И	Ч	Т	А
В	О	Ц	Щ	Е	И	В	Ч	Я	Б	Н	М	Л	С	Ч	Н
Ж	П	П	Б	Ю	Н	П	М	И	Щ	Я	Ж	К	И	Л	А
В	О	У	Б	С	Т	Т	К	Щ	Х	Ю	В	Щ	Р	Д	О
И	Р	Ж	А	Д	У	У	Ю	Г	М	І	Г	Щ	С	І	Ф
С	Ц	Ґ	В	Ю	К	К	У	Р	Я	Д	М	В	Я	Т	Щ
О	І	Є	У	Й	И	Н	Ь	Л	Е	Л	А	Р	А	П	П
Т	Я	Х	Т	Х	Р	П	О	В	Е	Р	Х	Н	Я	У	Ь
А	М	Х	Ц	Я	Т	У	В	Щ	Н	Ж	Р	М	Е	В	Ф

КУТ
РОЗРАХУНОК
КОЛО
КРИВА
ДІАМЕТР
ВИМІР
РІВНЯННЯ
ВИСОТА
ЛОГІКА
МАСА
МЕДІАНА
ЧИСЛО
ПАРАЛЕЛЬНИЙ
ПРОПОРЦІЯ
СЕГМЕНТ
ПОВЕРХНЯ
СИМЕТРІЯ
ТЕОРІЯ
ТРИКУТНИК
ВЕРТИКАЛЬНІ

61 - Creativity

З	О	Б	Р	А	Ж	Е	Н	Н	Я	В	Є	Є	Ь	Д	П
Х	У	Д	О	Ж	Н	І	Й	Г	Ц	И	Ь	Ю	Ь	М	О
Ї	О	П	Е	У	Д	Ф	Я	Я	У	Р	Ф	А	Л	Н	Ч
І	Н	Ч	И	Т	А	М	А	Р	Д	А	В	Я	У	А	У
Ц	Н	Ц	Д	К	Ж	Ц	У	Я	Ф	З	Ц	И	Ц	Т	Т
О	Ь	Т	С	І	Н	Ч	И	Т	Н	Е	Т	В	А	Х	Т
М	Т	Б	Е	Я	О	І	Ю	Б	Я	Б	Е	П	К	Н	Я
Е	Ц	А	П	Н	П	Т	Н	Ь	Т	У	И	И	Ч	Е	П
Ж	Д	Ч	С	Н	С	М	Я	Т	Т	Д	Ю	В	И	Н	Л
Ф	П	Е	Л	Е	У	И	Ц	С	У	Ґ	Р	В	В	Н	И
М	Ч	Н	Я	Ж	Х	І	В	І	Ч	Ї	Л	К	А	Я	Н
І	С	Н	А	А	Ю	М	К	Н	Д	Я	Ц	Ю	Н	Т	Н
К	Д	Я	Ю	Р	М	В	Ш	С	І	Ж	Р	І	Р	И	І
Ф	О	Е	Ч	В	М	Р	Х	Я	В	С	Ф	П	Я	І	С
Ю	Д	Р	Ї	В	Ш	А	Ф	Ю	Д	Х	Т	Е	В	А	Т
С	П	О	Н	Т	А	Н	Н	И	Й	Б	І	Ь	Ь	Ч	Ь

ХУДОЖНІЙ
АВТЕНТИЧНІСТЬ
ЯСНІСТЬ
ДРАМАТИЧНІ
ЕМОЦІЇ
ВИРАЗ
ПОЧУТТЯ
ПЛИННІСТЬ
ІДЕЇ
ЗОБРАЖЕННЯ
УЯВА
ВРАЖЕННЯ
НАТХНЕННЯ
ІНТЕНСИВНІСТЬ
ІНТУЇЦІЯ
ВІДЧУТТЯ
НАВИЧКА
СПОНТАННИЙ
БАЧЕННЯ

62 - Airplanes

К	Ю	Ю	Ю	Ь	Т	И	Щ	Д	Ж	В	Н	Л	Х	Т	П
Д	Н	Д	І	З	Ж	Я	Ь	Ф	Ш	Ь	Х	Е	О	У	Ґ
Щ	Ґ	О	Я	А	Р	Е	Ф	С	О	М	Т	А	Б	С	П
Т	О	В	Р	П	Х	В	П	Щ	Ш	Ь	О	Д	Ч	О	В
Ю	Д	И	Т	У	Д	А	Н	Е	Н	В	Л	О	Ж	П	М
И	Р	Л	І	С	В	Ч	У	У	Л	Щ	І	Г	Я	Б	К
В	Х	А	В	К	Ґ	О	І	Ж	Г	Р	П	И	У	О	Е
А	В	П	О	Ц	М	Ч	Д	І	М	И	Ю	Р	К	А	К
К	І	Я	П	Ш	Х	В	Щ	Е	Х	О	В	П	О	Р	І
Д	Ю	І	Б	О	В	Т	Ц	И	Н	В	І	Д	У	Б	П
А	И	Р	С	П	У	С	К	Т	А	Ь	Є	Б	Ф	В	А
С	І	О	К	Х	О	Х	И	Н	Д	И	З	А	Й	Н	Ж
О	А	Т	О	С	И	В	Б	И	Н	А	П	Р	Я	М	Б
П	А	С	А	Ж	И	Р	Д	В	М	Д	И	А	Я	Я	Р
О	Є	І	Г	Ю	О	Ш	Ґ	Г	П	Р	Р	Ш	Ь	І	Н
О	Ф	Д	П	К	Р	Г	Ж	Н	Л	Т	Я	Щ	А	Б	Я

ПРИГОДА
ПОВІТРЯ
АТМОСФЕРА
БУДІВНИЦТВО
ЕКІПАЖ
СПУСК
ДИЗАЙН
НАПРЯМ
ДВИГУН
ПАЛИВО

ВИСОТА
ІСТОРІЯ
ВОДЕНЬ
НАДУТИ
ПОСАДКА
ЗАПУСК
ПАСАЖИР
ПІЛОТ
ГВИНТИ
НЕБО

63 - Ocean

І	Л	Р	М	Ш	Р	В	С	А	Ж	Ь	В	Х	Є	А	К
Т	Л	В	Ч	В	В	У	С	Х	Ф	Г	К	Х	У	К	О
Ь	Р	И	Б	А	Ь	Г	Є	А	С	І	Л	Ь	С	У	Р
І	А	В	В	П	Ф	О	Я	П	Е	П	Х	Е	Т	Л	А
Я	Н	И	К	Х	Л	Р	М	Е	Д	У	З	А	Р	А	Л
О	Ю	Л	Ц	Р	И	Ф	И	Р	Р	Ш	Ш	К	И	П	О
Ц	А	П	Ж	С	В	В	Ґ	Е	Г	І	Н	Б	Ц	Б	В
Щ	Е	И	Г	О	Щ	Х	О	Ч	Я	Я	Е	У	Я	Р	И
І	Щ	Р	Б	В	П	Ц	К	Д	О	Д	Є	Г	Ю	П	Й
Д	Р	П	А	И	И	Д	Ц	Р	О	Т	У	Н	Е	Ц	Ь
Е	К	Р	Е	В	Е	Т	К	И	А	Р	Б	Р	Е	Ґ	Ч
Л	В	О	С	Ь	М	И	Н	І	Г	Б	О	Ь	А	Т	Б
Ь	Ґ	У	Ґ	Ф	Ш	К	А	П	П	С	Е	С	Б	Ж	У
Ф	Т	Х	Л	П	П	Ь	Р	С	Ц	Х	Ж	Я	Т	Щ	Р
І	М	Ц	В	Д	Р	Т	Ф	Л	П	П	Ч	О	Т	Е	Я
Н	С	Т	Ґ	Я	Т	С	Ґ	Л	Т	У	Е	Щ	О	Ш	Й

ВОДОРОСТЕЙ
КОРАЛОВИЙ
КРАБ
ДЕЛЬФІН
ВУГОР
РИБА
МЕДУЗА
ВОСЬМИНІГ
УСТРИЦЯ
РИФ
СІЛЬ
АКУЛА
КРЕВЕТКИ
ГУБКА
БУРЯ
ПРИПЛИВИ
ТУНЕЦЬ
ЧЕРЕПАХА
ХВИЛІ
КИТ

64 - Force and Gravity

Р	В	И	Л	П	В	Є	Б	І	Н	Л	І	Б	У	А	Р
Ш	О	Е	К	Т	Е	С	А	Ь	М	Я	Т	Р	Е	Т	Х
Н	В	З	Л	Б	С	Я	Р	Ю	Е	І	С	П	О	І	Г
В	Ґ	И	Ш	И	В	А	М	Я	Х	М	О	В	О	Б	Т
Ц	К	Є	Д	И	Ч	С	Ц	Ш	А	П	В	А	Я	Р	І
Я	Ю	О	М	К	Р	И	Л	І	Н	У	И	Г	Г	О	Р
Е	Х	Т	Е	В	І	Е	Н	Ф	І	Л	Т	А	Б	И	Ф
Щ	В	Ц	Ь	Є	С	С	Н	А	К	Ь	С	І	В	В	І
Ц	Е	Н	Т	Р	Л	С	Т	Н	А	С	А	В	І	І	З
Ш	Н	Т	О	Ш	Ж	Ь	І	Ь	Я	П	Л	Ґ	Ю	Д	И
Д	И	Н	А	М	І	Ч	Н	И	Й	К	В	К	О	С	К
У	Н	І	В	Е	Р	С	А	Л	Ь	Н	И	Й	Б	Т	А
М	А	Г	Н	Е	Т	И	З	М	Н	Т	И	С	К	А	Н
Ц	Ч	К	В	І	Д	К	Р	И	Т	Т	Я	О	Ю	Н	Ч
У	М	Т	Х	Н	Щ	Л	Х	О	Г	Ш	Я	П	С	Ь	А
С	Ш	Н	М	Н	Б	П	Б	Ч	Ш	М	Є	И	У	Д	С

ВІСЬ
ЦЕНТР
ВІДКРИТТЯ
ВІДСТАНЬ
ДИНАМІЧНИЙ
РОЗШИРЕННЯ
ТЕРТЯ
ВПЛИВ
МАГНЕТИЗМ
ВЕЛИЧИНА
МЕХАНІКА
ІМПУЛЬС
ОРБІТА
ФІЗИКА
ТИСК
ВЛАСТИВОСТІ
ШВИДКІСТЬ
ЧАС
УНІВЕРСАЛЬНИЙ
ВАГА

65 - Birds

Т	Ц	Я	Г	Ц	В	Ф	Я	Ч	С	Ч	Ш	Х	С	П	Ш
Б	У	Ш	Ю	У	Є	Щ	Й	П	И	К	О	С	Б	А	Ч
Г	Н	К	Щ	Є	С	Ь	Ц	Е	Б	О	Р	О	Г	В	А
Ж	В	Н	А	К	И	К	Е	Ю	А	Ж	А	Д	Ш	И	Й
И	Я	Ґ	В	Н	Ю	Є	А	К	Ч	А	К	Я	Ш	Ч	К
П	Ґ	Р	Ь	Л	Е	Р	О	З	О	З	У	Л	Я	В	А
А	У	М	Ґ	Е	Ф	Л	А	М	І	Н	Г	О	В	Е	К
П	Ц	Я	Р	Б	К	А	Н	А	Р	К	А	Х	Є	Е	Н
У	А	Б	Ш	І	Є	Я	Ч	Т	Є	П	К	У	Р	К	А
Г	К	Х	А	Д	К	Ґ	А	В	М	Е	Ц	Щ	А	В	Ю
А	С	Ґ	А	К	Щ	Б	Л	Н	Б	Л	Щ	Є	С	О	Ш
Н	Т	Ш	А	А	Ч	А	П	Л	Я	І	Т	Е	П	Р	Ю
Є	Р	О	Л	Е	Л	Е	К	А	Ж	К	Ю	Г	А	О	А
М	А	Е	П	І	Н	Г	В	І	Н	А	Ч	Х	У	Н	Щ
Є	У	Г	Б	Н	Д	В	Л	Ч	Є	Н	Т	Е	Д	А	Я
Н	С	Е	О	Ц	С	М	Ґ	Ю	Д	Ж	Х	Т	Я	Р	Я

КАНАРКА
КУРКА
ВОРОНА
ЗОЗУЛЯ
КАЧКА
ОРЕЛ
ЯЙЦЕ
ФЛАМІНГО
ГУСКА
ЧАЙКА
ЧАПЛЯ
СТРАУС
ПАПУГА
ПАВИЧ
ПЕЛІКАН
ПІНГВІН
ГОРОБЕЦЬ
ЛЕЛЕКА
ЛЕБІДКА
ТУКАН

66 - Nutrition

Т	Ї	К	Т	П	О	Ж	И	В	Н	И	Й	Є	Б	О	Л
Г	С	К	А	Г	А	В	Н	И	А	П	Е	Т	И	Т	Ж
С	Т	Д	М	Л	Х	Т	Ю	Н	Г	Я	Ж	Ц	Ш	Ц	С
З	І	І	О	Б	О	П	Ф	К	Щ	Н	М	А	Ч	Є	К
В	В	Є	Р	В	Т	Р	Ю	Ф	Г	Н	Л	Є	Н	С	С
И	Н	Т	А	В	М	П	І	М	Т	І	Б	І	Л	К	И
Ч	И	А	Є	О	Т	Р	У	Й	Р	Д	Р	Ь	Б	Я	С
К	Й	И	В	О	Р	О	Д	З	А	О	П	К	Л	В	И
И	З	Я	Ф	Е	Ь	І	Ф	П	В	Р	В	Б	И	Б	Б
А	Д	К	Ґ	І	Ц	У	Е	А	Л	Б	Ж	Ж	С	Й	Д
Х	О	І	Ш	У	Ж	Ф	Ш	М	Е	Н	Р	Ж	В	Л	Б
Л	Р	С	У	О	С	Х	І	Н	Н	І	М	А	Т	І	В
Ж	О	Т	Т	О	К	С	И	Н	Н	Щ	У	Ю	М	Д	Ф
А	В	Ь	В	О	Х	Ф	Ю	Ц	Я	Т	Р	Ц	Щ	В	Р
Ь	Я	Д	Ш	Е	В	У	Г	Л	Е	В	О	Д	І	В	П
З	Б	А	Л	А	Н	С	О	В	А	Н	И	Й	Л	У	Х

АПЕТИТ
ЗБАЛАНСОВАНИЙ
ГІРКИЙ
КАЛОРІЙ
ВУГЛЕВОДІВ
ДІЄТА
ТРАВЛЕННЯ
ЇСТІВНИЙ
БРОДІННЯ
АРОМАТ
ЗВИЧКИ
ЗДОРОВ'Я
ЗДОРОВИЙ
ПОЖИВНИЙ
БІЛКИ
ЯКІСТЬ
СОУС
ТОКСИН
ВІТАМІН
ВАГА

67 - Hiking

Ш	О	П	Л	Ш	Я	І	Я	Ь	А	Г	Ш	Щ	И	Ґ	Ц
Т	И	И	Щ	Ц	Ч	Ш	И	Щ	Я	Ь	Я	С	Е	И	Ф
Д	Щ	І	А	О	Т	Є	Ь	Ч	Ц	І	І	И	Л	Р	В
В	А	Ж	К	И	Й	И	К	И	Д	Ь	В	Д	Г	П	І
Ґ	У	Х	В	К	Є	Х	Ь	О	Щ	Щ	Ж	Ч	Щ	В	В
Ґ	Ц	П	О	Р	К	Я	Е	П	Ю	Г	А	Ф	Л	Г	Ц
Г	Ґ	А	Т	А	Т	І	М	А	С	Р	С	Ж	Ь	У	В
І	Т	Д	О	П	Е	Ц	Н	О	С	Н	Ш	Г	Ф	Т	Т
И	П	О	Г	О	Д	А	Ж	Е	Б	Н	С	О	Р	В	О
Ф	В	Р	Д	В	Т	Т	Ю	Я	М	Т	Ґ	Е	Б	А	М
Т	Я	И	І	Ч	Г	Н	О	Н	Щ	А	Д	О	В	Р	И
А	В	Р	П	Є	Ч	Є	Щ	О	Ю	М	К	Г	Е	И	В
У	Ж	П	И	Х	Ж	І	Ч	К	И	І	Ц	Щ	О	Н	С
К	А	Р	Т	А	Ю	Р	Ф	Е	Н	Л	А	Ч	Ь	Р	Я
Г	Р	Ґ	Л	И	Т	О	Б	О	Ч	К	Х	Ґ	Н	П	А
Н	Е	Б	Е	З	П	Е	К	И	К	Е	М	П	І	Н	Г

ТВАРИН
ЧОБОТИ
КЕМПІНГ
КЛІМАТ
НЕБЕЗПЕКИ
ВАЖКИЙ
КАРТА
ГОРА
ПРИРОДА
ОРІЄНТАЦІЯ
ПАРКИ
ПІДГОТОВКА
КАМЕНІ
САМІТ
СОНЦЕ
ВТОМИВСЯ
ВОДА
ПОГОДА
ДИКИЙ

68 - Professions #1

Т	А	Н	Ц	Ю	Р	И	С	Т	Є	А	Ф	Г	Ю	Ц	А
Ь	Ф	Я	Т	А	К	О	В	Д	А	В	Е	І	В	Ж	С
Е	Р	Е	Р	А	К	І	Л	О	Ь	Ц	Т	Д	Е	Ц	Т
Д	Ь	Ц	Е	В	И	Л	С	И	М	Щ	Ґ	Б	Л	Ч	Р
Ч	Ж	В	Н	Г	Е	О	Л	О	Г	П	Ь	Є	І	У	О
Е	Ь	О	Е	С	А	Н	Т	Е	Х	Н	І	К	Р	Ь	Н
Я	Ф	Р	Р	О	Т	К	А	Д	Е	Р	Ф	А	Ґ	П	О
П	І	А	Н	І	С	Т	П	С	И	Х	О	Л	О	Г	М
Я	Р	Р	Р	Б	Ф	М	В	Е	Т	Е	Р	И	Н	А	Р
Я	Н	Т	С	Г	А	Ь	У	П	Е	М	Х	Ш	Ж	И	Ч
Х	У	С	М	Є	О	Н	Г	З	К	Ь	Л	Н	Д	Е	Ш
Р	І	Е	І	А	Ц	Т	К	Ц	И	П	О	С	О	Л	В
Х	И	С	Ф	Ю	О	Ш	Р	І	Ц	К	Ґ	Х	Б	Х	О
Т	Я	Д	М	Ь	Ц	Е	В	А	Р	К	А	Т	Ю	Г	Б
Б	Я	Е	Є	М	О	Я	Ж	Ц	К	Ш	Е	Н	Т	Ж	М
Ь	С	М	М	О	Р	Я	К	Ш	Т	І	Ґ	У	Т	С	Є

ПОСОЛ
АСТРОНОМ
АДВОКАТ
БАНКІР
КАРТОГРАФ
ТРЕНЕР
ТАНЦЮРИСТ
ЛІКАР
РЕДАКТОР
ГЕОЛОГ
МИСЛИВЕЦЬ
ЮВЕЛІР
МУЗИКАНТ
МЕДСЕСТРА
ПІАНІСТ
САНТЕХНІК
ПСИХОЛОГ
МОРЯК
КРАВЕЦЬ
ВЕТЕРИНАР

69 - Barbecues

У	Я	У	Щ	Т	А	С	Н	Г	К	Ц	М	Х	П	О	Ь
Ж	Н	Ш	И	Ж	Ь	А	Ж	Ї	Г	В	Є	Ґ	Ґ	В	Р
Г	А	Р	Я	Ч	Е	Л	Ґ	К	А	Я	І	Ж	Ч	О	Н
Ж	Ф	А	Р	К	Ф	А	И	К	Л	И	В	Ч	Я	Ч	Ж
Ь	Ф	Р	Е	С	В	Т	Т	Р	К	У	Р	К	А	І	С
Є	Е	Д	Ч	Ж	Ц	И	І	Б	Г	И	Р	Ч	Я	У	А
К	Н	У	Е	Е	С	В	Д	О	Л	О	Г	Ц	В	Ц	П
П	Є	Є	В	Ю	Ч	Ц	А	Ф	Р	У	К	Т	Ь	И	Ю
С	О	У	С	Ч	Ю	П	Ь	І	Н	М	Т	О	Р	Р	Щ
П	И	К	И	А	Ж	Ь	Х	И	Ф	У	Ґ	У	Ц	О	Є
Л	Ґ	Ф	Ф	Д	К	Щ	Ш	И	Щ	Ш	Ц	Ч	Б	Д	Т
І	Е	Т	Д	І	Г	И	Р	Г	І	Ґ	М	О	С	И	С
Є	П	В	Б	Д	Р	У	З	І	Н	О	Ж	І	І	Н	Ю
П	О	М	І	Д	О	Р	И	У	І	Ч	І	Х	Л	А	С
Л	І	Т	О	Є	С	Б	А	Б	М	А	К	Х	Ь	О	О
І	Я	Б	Б	Ц	А	Р	Ґ	В	Л	Щ	Ф	М	Б	Х	В

КУРКА
ДІТИ
ВЕЧЕРЯ
РОДИНА
ЇЖА
ВИЛКИ
ДРУЗІ
ФРУКТ
ІГРИ
ГРИЛЬ

ГАРЯЧЕ
ГОЛОД
НОЖІ
МУЗИКА
САЛАТИ
СІЛЬ
СОУС
ЛІТО
ПОМІДОРИ
ОВОЧІ

70 - Chocolate

К	Д	Щ	М	Ю	А	В	Ф	Ш	Ю	К	К	Ю	Ц	Я	Ш
А	К	О	К	О	С	Р	Т	Ж	І	А	А	Є	У	К	Ґ
Л	С	Ю	У	Х	Ґ	У	О	К	Ґ	К	Р	В	К	І	Ю
О	Т	Є	Ґ	Д	Ь	Я	Д	М	Ш	А	А	Т	О	С	Ь
Р	А	Т	І	Р	У	Щ	Е	Х	А	О	М	У	Р	Т	У
І	І	Б	П	О	Р	О	Ш	О	К	Т	Е	Т	Ґ	Ь	Л
Й	Є	Е	Е	В	Л	Ф	У	У	Щ	Ш	Л	Д	П	Х	Ю
У	У	О	О	С	С	Ч	Ю	Ц	Ґ	Ш	Ь	К	Ь	Д	Б
П	Г	Т	О	Н	Ґ	Щ	Й	И	Н	Ч	А	М	С	Я	Л
Ш	Ч	Р	Є	Ж	И	Й	И	К	Д	О	Л	О	С	Г	Е
Ц	И	Д	І	Х	Т	Е	К	З	О	Т	И	Ч	Н	І	Н
Ц	У	К	Е	Р	К	И	Р	О	Т	Л	П	Ч	М	Р	И
С	М	А	К	С	Г	С	І	Х	А	Р	А	Е	М	В	Й
Т	Н	Є	І	Д	Е	Р	Г	Н	І	М	Ґ	Ф	Ц	Е	К
А	Н	Т	И	О	К	С	И	Д	А	Н	Т	У	Я	Е	Х
Г	Є	В	І	Ф	Н	Е	Е	К	М	Ґ	Р	В	Т	Е	Р

АНТИОКСИДАНТ
ГІРКИЙ
КАКАО
КАЛОРІЙ
ЦУКЕРКИ
КАРАМЕЛЬ
КОКОС
СМАЧНИЙ
ЕКЗОТИЧНІ
УЛЮБЛЕНИЙ
АРОМАТ
ІНГРЕДІЄНТ
АРАХІС
ПОРОШОК
ЯКІСТЬ
РЕЦЕПТ
ЦУКОР
СОЛОДКИЙ
СМАК

71 - Vegetables

Ю	Р	Є	К	З	Р	Р	Т	Ч	С	М	Я	В	І	Х	Щ
П	Е	Т	Р	У	Ш	К	А	С	В	У	Е	Ш	Г	М	И
С	В	О	О	Б	А	Б	І	Ц	Ч	Р	С	С	М	Я	И
Х	Г	Л	Д	Р	Ц	Г	Л	Ш	П	И	Н	А	Т	Ґ	Ж
Л	Ґ	А	І	А	Д	М	О	А	Л	Б	Ю	Ґ	А	Ф	Ю
Б	Х	Ш	М	Г	І	Д	К	Р	Г	Є	У	В	Щ	Б	Ж
Ю	Д	К	О	Р	І	Г	О	Е	О	Ф	Ь	Ж	Е	А	Щ
К	Я	Ф	П	Ь	У	Р	Р	Л	Р	Х	Б	Г	Е	К	Н
Я	К	І	У	Б	Д	І	Б	Е	И	А	Ш	В	С	Л	М
К	О	Я	Ь	Щ	У	Х	Д	С	Б	В	Д	М	А	А	Ґ
С	Ш	С	Т	К	Ф	У	Г	Ґ	М	К	К	О	Л	Ж	Х
П	И	Р	І	П	А	А	Б	Я	І	Р	У	А	А	А	О
Г	Т	О	С	К	Ю	Ґ	Я	А	Ц	О	Д	Ж	Т	Н	Л
Л	Р	Я	К	У	Р	С	Р	Л	Ґ	М	Х	Ф	Є	Ж	Б
І	А	И	Ч	А	С	Н	И	К	Я	Ф	Р	Е	Д	И	С
Я	Л	У	Б	И	Ц	Ґ	Ч	А	Я	С	Я	Т	Ф	У	О

АРТИШОК
БРОКОЛІ
МОРКВА
СЕЛЕРА
ОГІРОК
БАКЛАЖАН
ЧАСНИК
ІМБИР
ГРИБ
ОЛИВКА
ЦИБУЛЯ
ПЕТРУШКА
ГОРОХ
ГАРБУЗ
РЕДИС
САЛАТ
ШАЛОТ
ШПИНАТ
ПОМІДОР
РІПА

72 - Boats

А	Л	Н	Є	Р	И	М	Г	Ю	К	Д	Е	Д	Ю	Л	Г
Щ	Щ	Г	Ь	А	Ь	Ю	К	Д	Е	В	К	А	Я	К	Е
У	А	И	О	М	Ч	Л	Ш	Е	Ю	И	Ч	Т	Р	У	Ш
П	Р	И	П	Л	И	В	И	Д	Є	Г	Х	Х	Ц	Г	Ю
Т	Є	Г	Н	М	О	Ц	С	Є	Ю	У	Ч	Я	Н	Б	Л
Х	Х	Ж	К	Л	З	Є	П	Ц	Є	Н	І	Ф	Ш	Л	А
У	Р	Є	Л	Я	Е	Ч	О	Я	Р	А	Є	И	Р	Б	Л
Щ	О	Г	Л	А	Р	Р	Р	К	Ґ	К	Ж	Ф	Б	Є	В
Ж	Б	Х	У	Л	О	О	О	І	Ф	Є	Д	Ц	У	А	Т
М	О	Р	С	Ь	К	І	М	Р	К	Ш	В	І	Е	Ф	Є
Б	П	Ш	К	Ш	О	И	П	К	Ю	Ш	Є	С	Д	К	С
У	Ф	А	О	А	Д	К	И	Н	Ь	Л	И	Р	Т	І	В
Й	Ь	Б	С	Ґ	Н	І	Е	Р	О	М	Ц	А	І	Г	Х
Е	К	І	П	А	Ж	О	Ґ	А	К	Ч	І	Р	Л	М	Х
М	О	Т	У	З	К	А	Е	Ф	Н	М	С	Б	П	Ґ	В
И	Щ	С	Д	А	Р	П	Л	Д	Ф	Ц	Г	К	Р	Ф	І

ЯКІР
БУЙ
КАНОЕ
ЕКІПАЖ
ДОК
ДВИГУН
ПОРОМ
КАЯК
ОЗЕРО
ЩОГЛА
МОРСЬКІ
ОКЕАН
ПЛІТ
РІЧКА
МОТУЗКА
ВІТРИЛЬНИК
МОРЯК
МОРЕ
ПРИПЛИВ
ЯХТА

73 - Driving

П	Ш	В	И	Д	К	І	С	Т	Ь	Ґ	П	Ш	Г	Я	Ч
А	О	П	Є	Ч	О	Ф	Л	М	Т	Ґ	Є	Р	Я	И	Ю
М	В	Л	І	Д	Л	Ь	Ю	А	К	Е	П	З	Е	Б	Н
Ь	Ц	Т	І	Ш	Ц	Щ	Т	Г	Ч	Н	И	Ф	Ь	И	Д
Л	Ц	Н	О	Ц	О	Н	У	О	Б	Н	П	Ю	І	Т	Ч
А	Ж	Е	Ц	М	І	Х	Ґ	Р	О	Т	О	М	Л	Н	Я
Г	М	Б	Щ	Ш	О	Я	І	О	П	Х	О	Ц	Є	Б	Ж
В	Д	Е	Г	С	Е	Б	Й	Д	Н	Ш	Щ	Г	К	П	Ґ
Б	О	З	М	Я	Ц	Я	І	З	Н	Е	Ц	І	Л	П	В
Ґ	Щ	П	Л	В	Л	Н	Д	Л	К	И	Ц	О	Т	О	М
Ч	А	Е	Н	Н	Я	Ж	О	Ш	Ь	Ф	Д	П	Е	У	Ю
О	Д	К	А	Ш	І	Х	В	Д	К	І	Ф	А	Р	Т	У
Є	З	А	Г	А	Р	А	Ж	Ш	П	П	І	Л	І	Ю	Л
Ь	Т	Б	Є	И	А	Т	Р	А	К	П	Е	И	І	Ц	У
Ц	Ф	Ц	А	К	В	І	Ж	А	Т	Н	А	В	О	Б	Щ
К	Ж	Б	А	А	А	Т	У	Н	Е	Л	Ь	О	Ж	Щ	Ь

АВАРІЯ
ГАЛЬМА
АВТОМОБІЛЬ
НЕБЕЗПЕКА
ВОДІЙ
ПАЛИВО
ГАРАЖ
ГАЗ
ЛІЦЕНЗІЯ
КАРТА
МОТОР
МОТОЦИКЛ
ПІШОХІД
ПОЛІЦІЯ
ДОРОГА
БЕЗПЕКА
ШВИДКІСТЬ
ТРАФІК
ВАНТАЖІВКА
ТУНЕЛЬ

74 - Biology

Ф	Ф	Ю	Ї	И	Д	Ш	Я	Ж	А	Ж	І	Ш	М	Ь	Ґ
О	А	Е	І	Е	О	Х	Є	Р	В	К	Ш	Щ	Н	В	Х
Т	Л	И	Р	Е	М	Щ	К	Ц	С	О	Н	Е	Р	В	Є
О	Е	Б	Е	М	Е	Б	А	М	О	С	О	М	О	Р	Х
С	Ш	Д	Т	Ф	Е	Р	Р	Р	М	Ф	Р	Т	Б	П	Я
И	І	Р	К	Д	Н	Н	В	І	С	А	Й	Р	Я	Д	Р
Н	Е	Г	А	Л	О	К	Т	Ч	О	П	Е	П	Х	Щ	М
Т	Ь	Щ	Б	Ф	М	Ь	У	С	Ш	Н	Н	Є	К	Ь	Ж
Е	К	О	М	І	Р	К	А	В	М	У	Т	А	Ц	І	Я
З	С	О	Ч	Ж	О	П	Р	И	Р	О	Д	Н	И	Й	І
О	Ш	О	Л	Т	Г	А	Н	А	Т	О	М	І	Я	Ю	Ц
І	Я	Я	Е	І	Е	Ф	І	И	Ж	Ж	Ю	Щ	Е	Ь	Ю
Б	Х	Я	К	Х	Б	Р	Г	Ш	Х	П	И	У	А	Б	Л
М	Ф	Ж	Н	И	Ь	Ф	Л	Я	Ж	Т	Х	В	Д	Я	О
И	С	П	А	Н	И	С	С	А	В	Е	Ц	Ь	Н	Е	В
С	Р	Е	П	Т	И	Л	І	Я	Ф	Ь	М	Х	У	Ч	Е

АНАТОМІЯ
БАКТЕРІЇ
КОМІРКА
ХРОМОСОМА
КОЛАГЕН
ЕМБРІОН
ФЕРМЕНТ
ЕВОЛЮЦІЯ
ГОРМОН
ССАВЕЦЬ
МУТАЦІЯ
ПРИРОДНИЙ
НЕРВ
НЕЙРОН
ОСМОС
ФОТОСИНТЕЗ
БІЛОК
РЕПТИЛІЯ
СИМБІОЗ
СИНАПС

75 - Professions #2

Л	І	І	Л	Ю	С	Т	Р	А	Т	О	Р	Ц	Р	В	Е
Б	І	Н	Ю	П	О	В	И	Ч	Ю	В	Ц	У	Х	С	Ц
У	Ю	К	Ж	Ю	Б	Ґ	К	К	Ь	Р	О	Н	К	Х	Ц
Ж	А	И	А	Е	У	К	Є	Ч	Ф	Л	Ц	Ф	Д	Щ	Р
Ф	П	Н	А	Р	Н	В	И	Т	К	Е	Т	Е	Д	Щ	А
І	Щ	Д	Е	Е	Є	Е	Ч	С	А	Д	І	В	Н	И	К
Л	П	І	К	М	М	Г	Р	И	П	Щ	А	П	Д	Р	Е
О	К	Х	Ф	Р	Г	О	Л	О	Т	А	М	О	Т	С	Т
С	Г	А	М	Е	О	У	Г	Е	С	Е	Ж	Н	С	Ф	О
О	Ч	Н	Р	Ф	Л	Щ	Р	П	І	Б	Л	Ю	І	О	І
Ф	К	И	Н	Ж	О	Д	У	Х	Л	І	О	Ь	В	Т	Л
С	Ґ	В	И	І	О	Є	Р	Ч	А	О	П	Н	Г	О	Б
Ц	Е	К	Ж	Б	З	Ь	І	Р	Н	Л	І	Я	Н	Г	І
Ю	Ч	И	Ч	Е	Ч	Ю	Х	М	Р	О	Л	В	І	Р	Б
А	С	Т	Р	О	Н	А	В	Т	У	Г	О	С	Л	А	І
Б	Ф	Ь	Х	Щ	Д	Ц	У	Н	Ж	П	Т	Г	Г	Ф	Р

АСТРОНАВТ
БІОЛОГ
СТОМАТОЛОГ
ДЕТЕКТИВ
ІНЖЕНЕР
ФЕРМЕР
САДІВНИК
ІЛЮСТРАТОР
ВИНАХІДНИК
ЖУРНАЛІСТ
БІБЛІОТЕКАР
ЛІНГВІСТ
ХУДОЖНИК
ФІЛОСОФ
ФОТОГРАФ
ЛІКАР
ПІЛОТ
ХІРУРГ
ВЧИТЕЛЬ
ЗООЛОГ

76 - Mythology

І	В	О	Ї	Н	К	Л	Щ	Р	К	Ґ	П	Б	Х	Т	Ь
Щ	С	Р	П	И	Т	Е	Х	Р	А	С	Р	Е	Н	А	П
О	Г	Т	Д	А	Г	Г	Є	Ь	А	Ґ	Ж	З	Й	Б	Ь
Н	Е	С	О	С	Б	Е	А	К	В	А	К	С	И	Л	Б
В	Р	Н	Н	Т	І	Н	Т	Є	Т	Л	Є	М	Н	Ф	Х
Е	О	О	П	Е	А	Д	С	Ю	С	А	Ь	Е	Т	П	Л
Р	Й	М	Х	О	Б	А	М	І	Е	Б	Ч	Р	Р	Н	А
В	И	Є	Х	В	В	О	О	А	Ж	І	Є	Т	Е	Л	К
Щ	Ц	Ф	Ґ	Р	С	Е	П	Х	О	Р	І	Я	М	И	У
Г	Р	І	М	И	У	Ф	Д	Т	Б	И	Ш	Щ	С	Х	Л
А	Щ	А	Е	А	Е	Ч	М	І	Ц	Н	Щ	В	С	О	Ь
С	Т	В	О	Р	Е	Н	Н	Я	Н	Т	Р	Ц	Г	Ґ	Т
Ю	Ц	Ю	Ш	Я	Н	Н	А	Н	О	К	Е	Р	Е	П	У
Л	П	Л	Ф	Г	Ц	К	М	Б	Ь	К	А	Б	А	И	Р
Ь	О	Г	Ц	Ь	Н	Л	О	Ґ	Ч	Е	С	Ф	М	О	А
И	Щ	Т	Ц	Д	Х	Я	Ч	У	Є	Щ	Д	А	Ю	П	Ш

АРХЕТИП
ПОВЕДІНКА
ПЕРЕКОНАННЯ
СТВОРЕННЯ
ІСТОТА
КУЛЬТУРА
БОЖЕСТВА
ЛИХО
НЕБО
ГЕРОЙ
БЕЗСМЕРТЯ
РЕВНОЩІ
ЛАБІРИНТ
ЛЕГЕНДА
БЛИСКАВКА
МОНСТР
СМЕРТНИЙ
ПОМСТА
ГРІМ
ВОЇН

77 - Agronomy

В	Є	А	Я	І	Ґ	А	Р	Н	С	О	Д	О	Г	Є	Е
Б	И	Г	І	Я	Я	Г	О	А	І	В	О	Р	А	Л	Н
Є	М	Р	Г	О	Н	Б	С	С	Л	Т	С	Г	У	Ц	Е
Б	Е	Н	О	А	Н	В	Л	І	Ь	С	Л	А	Ж	Ї	Р
Т	Т	А	Л	Б	Е	Е	И	Н	С	Р	І	Н	Д	Ч	Г
С	С	Л	О	О	Н	П	Н	Н	Ь	А	Д	І	О	Х	І
Б	И	О	К	Р	Д	И	И	Я	К	Д	Ж	Ч	Б	Ж	Я
Н	С	И	Е	О	У	Ю	Ц	Б	И	О	Е	Н	Р	Ш	Н
Б	А	М	С	В	Р	Л	Ґ	Т	Й	П	Н	И	И	Р	Н
О	Я	У	Д	Х	Б	Ч	Я	О	В	С	Н	Й	В	У	А
Ь	І	Б	К	В	А	Г	І	Я	Ш	О	Я	Ш	О	Д	Т
В	О	Д	А	А	З	У	З	Ь	К	Г	К	Ц	Ю	Ч	С
Р	Ц	С	Е	Р	Е	Д	О	В	И	Щ	Е	Є	М	Е	О
Є	Ґ	П	К	Р	С	С	Р	В	П	Е	Д	Б	П	Т	Р
Ф	О	В	О	Ч	І	Д	Е	Ґ	Р	А	І	Є	Ш	Х	З
Н	Щ	Ч	А	У	Ч	В	А	Є	Т	П	С	І	С	М	Щ

ХВОРОБА
ЕКОЛОГІЯ
ЕНЕРГІЯ
СЕРЕДОВИЩЕ
ЕРОЗІЯ
ГОСПОДАРСТВО
ДОБРИВО
ЇЖА
ЗРОСТАННЯ
ОРГАНІЧНИЙ
РОСЛИНИ
ЗАБРУДНЕННЯ
ВИРОБНИЦТВО
СІЛЬСЬКИЙ
НАУКА
НАСІННЯ
ДОСЛІДЖЕННЯ
СИСТЕМИ
ОВОЧІ
ВОДА

78 - Hair Types

П	Х	К	О	Р	И	Ч	Н	Е	В	И	Й	М	Ш	Д	М
Л	В	С	С	Ю	Ю	Б	К	У	Ч	Е	Р	И	С	О	К
Е	И	Є	В	А	Ф	Ф	Л	Б	В	Н	Я	Ф	Ж	В	Ж
Т	Л	М	І	Б	Е	К	Е	О	І	Д	Ч	Ж	Є	Г	С
Е	Я	Ш	Ж	Й	И	Х	У	С	Н	Л	А	В	С	И	Р
Н	С	Р	Ч	И	Р	Д	О	Н	Ь	Д	И	Р	І	Й	І
И	Т	М	А	Н	О	Д	А	Є	И	И	И	Й	Р	И	Б
Й	И	В	Я	Р	Е	Ч	У	К	Н	Ц	П	Н	И	Т	Л
И	Й	И	В	О	Р	О	Д	З	П	Б	Х	Е	Й	С	О
К	И	И	І	Ч	Б	Л	И	С	К	У	Ч	И	Й	В	П
Т	С	І	К	С	П	Ж	Х	С	Ф	Ґ	Ь	Е	Ч	О	Ю
О	И	Я	Ь	Н	Ш	Ю	Є	Ш	М	Л	У	К	Х	Т	Л
Р	Л	К	Е	Ю	О	Н	А	Я	Я	І	О	Ц	П	О	Б
О	Ґ	Ю	Б	Ц	К	Т	Х	Д	К	Е	Б	У	Ч	Я	М
К	У	В	Ш	Ь	С	М	Я	С	И	Л	Л	И	Я	Д	К
Ж	Я	У	Е	М	Р	Б	У	Ґ	Й	М	Н	Ч	Х	Т	Ц

ЛИСИЙ
ЧОРНИЙ
БЛОНДИН
ПЛЕТЕНИЙ
КОСИ
КОРИЧНЕВИЙ
КУЧЕР
КУЧЕРЯВИЙ
СУХИЙ
СІРИЙ
ЗДОРОВИЙ
ДОВГИЙ
БЛИСКУЧИЙ
КОРОТКИЙ
СРІБЛО
М'ЯКИЙ
ТОВСТИЙ
ТОНКИЙ
ХВИЛЯСТИЙ
БІЛИЙ

79 - Garden

С	Л	Р	Ф	Р	У	К	Т	О	В	И	Й	С	А	Д	Б
Г	Т	Ж	Ж	Ю	В	К	С	М	Ґ	Ш	П	Ю	К	Ж	У
С	У	А	Ж	Б	Н	Ц	Ш	К	Ч	Я	Х	Я	Т	Л	Р
Є	Т	О	В	Б	Щ	И	Щ	О	Р	Ю	У	Г	І	П	Я
И	А	Я	М	О	У	І	Д	Т	К	Ґ	Т	Ж	В	Ч	Н
О	Б	Я	Д	Л	К	Ж	Ч	Е	Е	Х	О	М	К	І	І
Ф	В	У	В	О	Ч	Д	Я	Є	Д	Р	Ь	Ф	А	Д	В
Л	Ь	В	Т	И	Я	О	Н	Е	Е	І	А	И	Б	Р	Я
Ч	Ь	Є	Л	Я	М	Ш	Ф	Р	В	Л	Г	С	Г	Р	Г
Д	Е	Р	Е	В	О	П	Л	Щ	Ь	Б	Ґ	Ф	А	А	А
К	Ц	Л	Ф	В	Ш	А	Б	А	Т	А	П	О	Л	І	Р
Т	Г	О	Е	Г	Л	Р	Д	З	Н	Р	П	Щ	К	Г	А
Ф	Л	І	У	Ь	Т	К	В	О	Ц	Г	С	А	Д	А	Ж
Т	Х	Я	Ь	Р	С	А	Ц	Л	Ч	Т	Я	М	Е	М	Ь
Р	Е	Я	Х	Щ	Ь	Н	Г	А	Н	О	К	Л	С	А	К
Л	А	В	А	В	А	Р	Т	Г	А	З	О	Н	П	К	Я

ЛАВА
КУЩ
ПАРКАН
КВІТКА
ГАРАЖ
САД
ТРАВА
ГАМАК
ШЛАНГ
ГАЗОН
ФРУКТОВИЙ САД
СТАВОК
ГАНОК
ГРАБЛІ
ЛОПАТА
ТЕРАСА
БАТУТ
ДЕРЕВО
ЛОЗА
БУР'ЯНІВ

80 - Diplomacy

Ц	Ж	Е	Ч	Б	Н	Щ	Г	П	С	Д	М	Б	Б	О	П
Ш	І	Ь	И	В	Р	Я	Р	О	П	И	Г	Е	Є	Б	О
У	Ж	Л	Ь	И	К	Н	О	Л	І	П	Р	З	Р	Г	С
Г	Р	В	І	Г	Р	Н	М	І	В	Л	О	П	Р	О	О
У	І	Я	Р	С	І	Е	А	Т	П	О	М	Е	М	В	Л
М	Є	І	Д	Г	Н	Ш	Д	И	Р	М	А	К	К	О	Ь
А	Ц	Ц	Л	Г	О	І	А	К	А	А	Д	А	О	Р	С
Н	С	Ю	Ф	М	Л	Р	С	А	Ц	Т	Я	Д	Н	Е	Т
І	Р	Л	П	О	С	О	Л	Т	Я	И	Н	Є	Ф	Н	В
Т	А	О	І	Ш	В	І	Ш	Г	Ь	Ч	И	Н	Л	Н	О
А	Д	З	В	М	Х	Н	М	А	Л	Н	Ж	Ю	І	Я	Я
Р	Н	Е	Г	Ж	О	Ю	Ь	А	К	И	Т	Е	К	Ь	Б
Н	И	Р	Г	Ь	Ь	В	І	Ь	І	Й	С	Ь	Т	И	І
И	К	И	М	Г	Щ	Й	И	Н	М	Е	З	О	Н	І	Ф
Й	Г	Ф	В	К	Д	О	Г	О	В	І	Р	П	Ц	У	Я
І	Ґ	И	Х	Ь	М	Р	М	Ж	Ф	Р	Т	А	Ж	О	Т

РАДНИК
ПОСОЛ
ГРОМАДЯНИ
ГРОМАДА
КОНФЛІКТ
СПІВПРАЦЯ
ДИПЛОМАТИЧНИЙ
ОБГОВОРЕННЯ
ПОСОЛЬСТВО
ЕТИКА
ІНОЗЕМНИЙ
УРЯД
ГУМАНІТАРНИЙ
ЦІЛІСНІСТЬ
МОВИ
ПОЛІТИКА
РЕЗОЛЮЦІЯ
БЕЗПЕКА
РІШЕННЯ
ДОГОВІР

81 - Countries #1

Н	Л	Д	Ґ	Ф	Ю	Н	Ь	Ч	М	О	И	Ш	Е	О	Т
І	И	Ж	К	І	А	Д	А	М	А	Н	А	П	Ж	Ь	Л
М	І	Ю	К	Н	Х	Б	С	Ш	Р	О	И	М	Ч	Г	Н
Е	А	Щ	Ь	Л	О	П	Ч	Ь	О	Р	К	Х	Р	О	С
Ч	В	Х	Л	Я	Ч	Н	Н	Д	К	В	Ґ	Н	С	О	Д
Ч	Є	Ь	Ї	Н	Ш	І	Ґ	Ж	К	Е	Я	К	Ш	Є	О
И	Т	Щ	А	Д	А	Н	А	К	О	Г	Л	Я	С	Ж	Є
Н	Н	Р	Р	І	Н	Р	П	Б	Я	І	Н	У	М	У	Р
А	А	Р	З	Я	І	І	Г	В	К	Я	І	В	Т	А	Л
К	М	Х	І	И	К	Х	К	І	С	П	А	Н	І	Я	С
Б	Р	А	З	И	Л	І	Я	А	Є	Г	И	П	Е	Т	Е
І	Т	А	Л	І	Я	П	І	Ґ	Р	І	Ц	Н	Л	М	Н
Н	Щ	І	Ґ	Н	Ц	Ґ	В	К	Ю	А	У	Ґ	Е	Я	Е
Ц	Ю	Ч	І	Б	Я	Т	І	Р	А	К	Г	П	Ш	Б	Г
Т	Ю	Г	І	С	Щ	І	Л	И	Д	Ю	И	У	К	А	А
В	Е	Н	Е	С	У	Е	Л	А	Е	Б	Т	И	А	Г	Л

БРАЗИЛІЯ
КАНАДА
ЄГИПЕТ
ФІНЛЯНДІЯ
НІМЕЧЧИНА
ІРАК
ІЗРАЇЛЬ
ІТАЛІЯ
ЛАТВІЯ
ЛІВІЯ
МАРОККО
НІКАРАГУА
НОРВЕГІЯ
ПАНАМА
ПОЛЬЩА
РУМУНІЯ
СЕНЕГАЛ
ІСПАНІЯ
ВЕНЕСУЕЛА
В'ЄТНАМ

82 - Immigration

І	Є	Щ	Г	И	І	Н	Д	Я	Ж	Щ	Д	Л	О	С	Т
Ф	К	Ь	В	Ж	Л	Я	Г	Х	Т	Ч	І	П	М	Е	Е
К	С	Ґ	Ц	С	Ґ	Н	Ш	С	Е	Б	Т	Д	П	Р	Р
Г	С	Ь	М	У	О	Н	О	К	А	З	И	О	Ґ	Т	М
О	Ф	І	Ц	Е	Р	Е	Я	І	Ц	А	У	Т	И	С	І
Л	Є	Ґ	Х	Ю	Б	Ж	Ю	Ш	П	Х	Д	Н	Т	Е	Н
Т	І	Ф	Л	И	Я	Д	К	Ч	С	И	О	Р	Н	Ц	Ц
И	Х	Є	К	Є	Е	Р	С	К	Ю	С	Р	І	Е	О	Т
Ж	В	Ґ	І	М	Ь	Е	В	Н	Г	Т	О	Ш	М	Р	Р
К	П	Т	Щ	О	З	В	Я	З	К	И	С	Е	У	П	Р
К	Е	Д	Т	В	Ф	Т	Ж	Ч	М	Щ	Л	Н	К	Е	Ь
Н	Ю	Ш	Ш	А	Д	А	Ш	В	Р	Ч	І	Н	О	Ц	І
П	Л	Є	Ь	Є	Ь	З	О	Ґ	Р	Щ	И	Я	Д	Г	О
А	Д	М	І	Н	І	С	Т	Р	А	Ц	І	Я	Ґ	Ж	І
П	Е	Р	Е	Г	О	В	О	Р	И	Г	Г	Є	Ж	Ш	В
Д	О	П	О	М	О	Г	А	Є	Щ	Ж	А	У	Р	О	У

АДМІНІСТРАЦІЯ
ДОРОСЛІ
ДОПОМОГА
ЗАТВЕРДЖЕННЯ
ДІТИ
ЗВ'ЯЗКИ
ТЕРМІН
ДОКУМЕНТИ
ЖИТЛО
МОВА
ЗАКОН
ПЕРЕГОВОРИ
ОФІЦЕР
ПРОЦЕС
ЗАХИСТ
СИТУАЦІЯ
РІШЕННЯ
СТРЕС

83 - Adjectives #1

П	Ц	К	Н	В	Я	К	Ц	Г	В	П	Й	П	П	Ш	А
Щ	О	І	О	П	А	К	Н	Ь	Х	У	И	У	Р	Т	Р
Ч	А	В	Е	Р	Г	Є	Х	Л	В	Я	Н	Ґ	И	Ю	О
Ф	Ш	Ч	І	М	И	О	Ь	И	А	Р	Ч	Я	В	К	М
У	Ф	О	Н	Л	Ф	С	Т	Е	М	Н	И	Й	А	Ж	А
Й	Щ	Ф	Ч	П	Ь	Х	Н	Ю	С	Т	Т	И	Б	Щ	Т
И	П	Н	И	Ю	Ж	Н	Й	И	Б	Б	Н	Н	Л	А	И
Н	Ц	У	Т	К	Ш	Н	И	В	Й	К	Е	Р	И	С	Ч
Т	У	Ш	О	Щ	Б	Д	Р	Й	А	Е	Д	А	В	Л	Н
Ю	Т	К	З	Ь	Ц	Ю	Д	И	Ф	Ж	І	Г	И	И	И
Л	Л	Щ	К	Н	Ж	У	Е	Ь	Д	И	К	Г	Й	В	Й
О	Р	Н	Е	Х	Т	Щ	Щ	Ж	Є	П	Ґ	И	І	И	И
С	У	Ч	А	С	Н	И	Й	И	К	Н	О	Т	Й	Й	Н
Б	С	Е	Р	Й	О	З	Н	И	Й	И	Н	С	Е	Ч	Н
А	Б	М	Я	Х	У	Д	О	Ж	Н	І	Й	С	Д	С	І
А	М	Б	І	Т	Н	І	В	А	Ж	Л	И	В	И	Й	Ц

АБСОЛЮТНИЙ
АМБІТНІ
АРОМАТИЧНИЙ
ХУДОЖНІЙ
ПРИВАБЛИВИЙ
ГАРНИЙ
ТЕМНИЙ
ЕКЗОТИЧНІ
ЩЕДРИЙ
ЩАСЛИВИЙ

ВАЖКИЙ
КОРИСНИЙ
ЧЕСНИЙ
ІДЕНТИЧНИЙ
ВАЖЛИВИЙ
СУЧАСНИЙ
СЕРЙОЗНИЙ
ПОВІЛЬНИЙ
ТОНКИЙ
ЦІННИЙ

84 - Global Warming

М	Е	У	М	В	А	Ч	Ґ	Ж	Ю	В	К	Щ	Ґ	С	П
К	К	Є	Т	А	М	І	Л	К	Т	Т	А	А	Щ	Л	О
С	О	Т	П	Г	Й	Р	О	З	В	И	Т	О	К	Ц	К
У	Л	О	О	А	Т	Б	Ю	А	Б	А	Ч	Л	У	Ц	О
Р	О	В	І	В	Щ	Е	У	Г	К	І	З	О	А	К	Л
Я	Г	Т	З	У	І	І	П	Т	Ч	Т	М	Х	Ч	І	І
Д	І	С	Г	А	І	О	Т	Ц	Н	Л	І	Р	К	Щ	Н
Н	Ч	В	Ю	Ь	Р	Н	Н	Р	Х	Є	Н	К	Ш	С	Н
Ґ	Н	А	Щ	Ґ	Г	А	Ж	Р	Ч	Н	И	Н	Д	В	Я
У	І	Д	М	П	Щ	И	З	Я	Ю	А	Р	Д	Є	Ч	І
А	І	О	М	І	Ж	Н	А	Р	О	Д	Н	И	Й	Е	Г
Й	И	Н	Ч	И	Т	К	Р	А	Е	Х	Ж	М	Л	Н	Р
П	Р	О	М	И	С	Л	О	В	О	С	Т	І	Ж	И	Е
Б	Ц	К	И	Н	А	С	Е	Л	Е	Н	Н	Я	Н	Й	Н
Б	В	А	Ч	Я	Г	К	Р	И	З	А	О	Ю	Ч	А	Е
Ш	Щ	З	Т	Е	М	П	Е	Р	А	Т	У	Р	И	К	Д

АРКТИЧНИЙ
УВАГА
ЗМІНИ
КЛІМАТ
КРИЗА
ДАНІ
РОЗВИТОК
ЕНЕРГІЯ
ЕКОЛОГІЧНІ
МАЙБУТНЄ
ГАЗ
ПОКОЛІННЯ
УРЯД
ПРОМИСЛОВОСТІ
МІЖНАРОДНИЙ
ЗАКОНОДАВСТВО
ЗАРАЗ
НАСЕЛЕННЯ
ВЧЕНИЙ
ТЕМПЕРАТУРИ

85 - Landscapes

Н	Ч	У	Ґ	А	К	Ч	І	Р	Щ	Н	Д	Щ	И	П	С
П	Р	И	М	Н	А	К	Л	У	В	Ц	Г	Ц	Т	І	Ц
Е	І	Я	І	И	Ч	К	Ш	К	Щ	Р	А	К	Б	В	Н
Ч	К	Д	М	Л	Ь	О	Д	О	В	И	К	У	Д	О	Р
Е	Щ	І	С	О	М	К	А	У	І	Є	О	Щ	Х	С	У
Р	Щ	Ш	Е	Д	А	О	П	У	Р	В	М	И	Г	Т	А
А	І	Ш	Ґ	Ю	Ц	Ш	С	Ґ	Т	Р	І	С	О	Р	Й
Н	И	Ґ	Ф	П	Я	Е	О	Р	С	Ч	Е	И	Р	І	С
Ю	Ф	Я	П	І	М	Л	Д	Ю	О	И	П	З	А	В	Б
Б	О	Л	О	Т	О	О	О	Т	Ш	В	У	А	Й	Е	Е
У	Р	М	А	П	Т	М	В	Я	А	Ч	С	О	Б	Е	Р
Ю	Х	О	Г	Г	Ж	О	Є	И	Б	Д	Т	І	Ф	Ґ	Г
Х	К	Н	Г	Ґ	М	Р	Ж	Д	Н	А	Е	К	О	Ґ	І
Ю	П	Ц	С	А	Т	Е	Г	Ж	У	І	Л	М	Е	Є	С
Е	Ц	В	Є	С	П	Л	Я	Ж	Ч	Ґ	Я	Д	С	В	Х
О	З	Е	Р	О	Е	Т	У	Н	Д	Р	А	Х	Я	Е	Г

ПЛЯЖ
ПЕЧЕРА
ПУСТЕЛЯ
ГЕЙЗЕР
ЛЬОДОВИК
ПАГОРБ
АЙСБЕРГ
ОСТРІВ
ОЗЕРО
ГОРА
ОАЗИС
ОКЕАН
ПІВОСТРІВ
РІЧКА
МОРЕ
БОЛОТО
ТУНДРА
ДОЛИНА
ВУЛКАН
ВОДОСПАД

86 - Plants

Е	Ж	Ц	Ф	Р	М	Т	Б	Д	А	С	В	О	Я	К	Г
Г	А	Б	Л	О	Н	Р	Ж	О	О	Е	Ь	Т	Л	С	Ц
Ч	Е	Ш	О	С	Л	А	Я	В	Т	Б	В	Х	О	М	Є
Щ	Б	Е	Р	Л	Є	В	Г	Е	І	А	Р	В	С	І	Ч
Ь	Н	И	А	И	І	А	Б	Р	Л	Я	Н	И	А	И	Н
Я	П	Е	Б	Н	Ь	К	Х	Е	І	Н	Г	І	В	Л	К
Д	Н	Р	А	Н	Ф	Т	Н	Д	С	Ч	Х	О	К	О	Р
Ш	І	Щ	А	І	Ґ	С	Г	Щ	У	К	Щ	Л	Д	А	І
Ь	Щ	Ш	Н	С	Щ	Ю	К	Л	Т	О	У	Ю	Я	А	Ю
Л	Г	С	О	Т	П	Л	Ж	Н	К	У	Б	М	А	Б	Б
Д	А	Ґ	П	Ь	У	Е	О	Ж	А	Ц	Т	Б	К	Г	Ж
В	В	П	Л	Ю	Щ	П	Л	Д	К	Ф	Д	Н	Т	О	Х
К	О	Р	І	Н	Ь	Т	И	Н	М	Н	Р	І	І	Ф	Ш
Б	Н	О	Ю	Х	Б	И	С	Ю	И	І	Н	И	В	Ґ	Б
Я	С	Ю	Ж	Д	Е	Ж	Т	Г	Ю	М	П	І	К	Д	И
В	О	Д	С	Х	И	М	Я	Є	Щ	К	Ж	А	Ю	Ч	М

БАМБУК
КВАСОЛЯ
ЯГОДА
БОТАНІКА
КУЩ
КАКТУС
ДОБРИВО
ФЛОРА
КВІТКА
ЛИСТЯ
ЛІС
САД
ТРАВА
ПЛЮЩ
МОХ
ПЕЛЮСТКА
КОРІНЬ
ОСНОВА
ДЕРЕВО
РОСЛИННІСТЬ

87 - Countries #2

І	П	Ь	П	Ж	У	П	С	Ж	Е	Р	І	Ц	А	Б	П
П	Ж	Ш	А	К	Й	А	М	Я	М	Ф	О	Г	Б	Ф	Н
Ц	Ш	Я	К	Ю	В	Д	Ь	І	Е	К	І	С	Ю	П	Щ
У	Ж	С	И	Б	Г	Н	Ч	Ц	К	Д	Ю	О	І	Ю	Ґ
Ґ	Г	Я	С	Ь	Р	А	Я	Е	С	Н	П	Ж	П	Я	Ь
Б	Ь	І	Т	Ї	А	Г	С	Р	И	Т	Ч	Л	Щ	І	М
К	П	Р	А	С	Б	У	О	Г	К	Л	Я	А	А	Л	Я
Ч	О	И	Н	М	Ф	Щ	М	І	А	І	Ш	Ш	Х	Ч	Н
Я	И	С	О	А	Л	В	А	Ш	Р	Б	Ю	Г	О	Ч	Ф
А	Я	Я	В	І	В	Я	Л	Н	Ц	Е	О	Ц	Н	Ж	Ц
Я	П	О	Н	І	Я	І	І	І	Щ	Р	Д	О	А	Ч	Б
Д	А	Н	І	Я	Щ	Н	Л	Г	Я	І	Ж	А	П	Ґ	Є
Х	Ф	А	В	У	Л	А	П	Е	Н	Я	Ю	Ч	Ш	Х	В
Е	М	Д	Ц	К	Ь	Б	Ж	Р	У	К	Р	А	Ї	Н	А
Ц	І	У	Ь	Ш	Щ	Л	Ш	І	Л	Ц	Д	Н	О	Ь	Р
Ц	Щ	С	Е	Я	Л	А	Н	Я	Ф	К	Ж	Ж	Ю	М	С

АЛБАНІЯ
ДАНІЯ
ЕФІОПІЯ
ГРЕЦІЯ
ГАЇТІ
ЯМАЙКА
ЯПОНІЯ
ЛАОС
ЛІВАН
ЛІБЕРІЯ
МЕКСИКА
НЕПАЛ
НІГЕРІЯ
ПАКИСТАН
РОСІЯ
СОМАЛІ
СУДАН
СИРІЯ
УГАНДА
УКРАЇНА

88 - Adjectives #2

Ґ	М	А	О	К	Е	В	Ґ	З	Ґ	С	П	М	Ц	М	Х
И	О	Ш	Ш	Ю	У	Є	І	Д	Д	Ф	О	І	И	Р	Ц
Ю	А	Л	Р	Д	К	М	Ц	О	О	Щ	П	Н	Х	Ф	Є
Р	О	Н	О	П	Е	Ч	Я	Р	А	Г	Ж	Ж	Н	Й	У
Т	І	Ч	Д	Д	В	А	А	О	Ь	П	Ґ	В	О	И	Р
Р	Ч	Д	Л	Ц	Н	Ч	Н	В	Щ	У	Д	А	П	Н	Й
Ґ	Ю	Ж	Н	Ч	Є	И	Й	И	В	О	Н	Р	И	Д	И
В	І	Д	О	М	И	Й	Й	Й	Х	Д	С	П	С	О	Ч
Д	Р	А	М	А	Т	И	Ч	Н	І	И	И	С	О	Р	Р
Т	К	Й	И	Х	У	С	Х	О	Є	К	Л	Ч	В	И	О
Ц	І	К	А	В	И	Й	О	С	А	И	Ь	Є	И	Р	В
А	Ф	И	Ф	С	Ь	В	А	Л	Є	Й	Н	І	Й	П	Т
Ю	Ф	Є	Ч	Ґ	Г	Ь	Ш	К	О	Е	И	Щ	Ч	Х	И
Е	Л	Е	Г	А	Н	Т	Н	И	Й	Н	Й	В	Ж	Я	Л
Х	И	Ґ	Ч	В	О	Е	Г	Г	Є	Й	И	Д	Р	О	Г
П	Р	О	Д	У	К	Т	И	В	Н	И	Й	Й	Ч	Ч	Я

СПРАВЖНІМ
ТВОРЧИЙ
ОПИСОВИЙ
ДРАМАТИЧНІ
СУХИЙ
ЕЛЕГАНТНИЙ
ВІДОМИЙ
ЗДОРОВИЙ
ГАРЯЧЕ
ГОЛОДНИЙ
ЦІКАВИЙ
ПРИРОДНИЙ
НОВИЙ
ПРОДУКТИВНИЙ
ГОРДИЙ
СОЛОНИЙ
СОННИЙ
СИЛЬНИЙ
ДИКИЙ

89 - Psychology

Ф	Я	П	Т	Е	Р	А	П	І	Я	О	В	І	Д	Е	Ї
Ь	Т	С	І	Н	Ь	Л	А	Е	Р	С	І	Л	Ц	Л	Ґ
Ґ	Т	І	Д	З	Ь	Н	Н	П	Е	О	Д	И	Ф	С	І
С	Я	Т	Ь	Б	Н	Ц	Я	Х	Ф	Б	Ч	Л	И	Н	Щ
І	Н	С	Б	Ц	П	А	Т	Є	У	И	У	Щ	У	И	Р
Ц	Й	О	Г	Е	О	М	Н	Л	Х	С	Т	Р	Т	Ц	Ю
Ж	И	М	Ц	Ч	В	Е	Щ	Н	Я	Т	Т	М	Р	І	Ї
Е	Р	О	П	Б	Е	Л	Г	Г	Я	О	Я	Є	Ф	Є	М
М	П	Д	П	И	Д	Б	О	В	Т	С	Н	И	Т	И	Д
О	С	І	Ч	І	І	О	Ґ	И	В	Т	Щ	А	Б	О	І
Ц	В	В	Б	Ш	Н	Р	Д	О	У	І	Я	Ч	М	Д	Т
І	Д	С	М	Ґ	К	П	Щ	С	Ц	Є	Х	Ц	Ч	Н	Ф
Ї	Н	Д	Я	Щ	А	Е	Ч	Т	К	І	Л	Ф	Н	О	К
К	Л	І	Н	І	Ч	Н	И	Й	Р	У	Н	Х	Ч	П	Щ
С	Є	П	Д	У	М	К	И	Р	Ф	Є	П	К	Ш	Ч	Щ
П	Р	И	З	Н	А	Ч	Е	Н	Н	Я	Б	Е	А	Л	И

ПРИЗНАЧЕННЯ
ОЦІНКА
ПОВЕДІНКА
ДИТИНСТВО
КЛІНІЧНИЙ
ПІЗНАННЯ
КОНФЛІКТ
МРІЇ
ЕГО
ЕМОЦІЇ
ІДЕЇ
СПРИЙНЯТТЯ
ОСОБИСТОСТІ
ПРОБЛЕМА
РЕАЛЬНІСТЬ
ВІДЧУТТЯ
ПІДСВІДОМОСТІ
ТЕРАПІЯ
ДУМКИ

90 - Math

У	Б	В	П	К	О	И	І	К	Н	А	Ґ	А	Х	П	Є
П	С	Ж	Я	О	П	Е	Р	И	М	Е	Т	Р	Л	Р	К
Л	Ґ	И	І	Д	К	Д	О	К	Ф	Ф	С	Е	Ж	Я	П
О	К	А	Р	Е	Т	А	О	Б	А	М	Х	Ф	М	М	Ь
Щ	И	Я	Т	С	Р	М	З	Я	С	Л	Є	С	А	О	Т
А	Н	І	Е	Я	И	У	Ґ	Н	Р	Я	Г	У	Р	К	О
В	Т	Р	М	Т	К	С	Я	Н	И	С	Г	І	Г	У	Б
К	У	Т	И	К	У	І	Є	Я	В	К	Я	Д	О	Т	Б
Ґ	К	Е	С	О	Т	Ч	А	Н	Я	Б	Ю	А	Л	Н	Ж
Х	О	М	У	В	Н	Є	Ф	В	Р	Г	С	Р	Е	И	І
Р	Т	О	Ч	И	И	Х	О	І	Ч	Ю	Ґ	Щ	Л	К	Є
В	А	Е	В	Й	К	Ж	М	Р	Г	Т	Х	Л	А	Л	К
Г	Г	Г	А	Р	И	Ф	М	Е	Т	И	К	А	Р	Ш	Л
Г	А	Ф	Л	Й	И	Н	Ь	Л	Е	Л	А	Р	А	П	Т
Т	Б	Д	І	А	М	Е	Т	Р	Н	Е	Н	Д	П	Т	Ж
Ь	Ь	С	Я	І	Т	Х	Ґ	Ж	Б	Г	Є	Х	И	Г	А

КУТИ
АРИФМЕТИКА
ОКРУГ
ДЕСЯТКОВИЙ
ДІАМЕТР
РІВНЯННЯ
ПОКАЗНИК
ГЕОМЕТРІЯ
ПАРАЛЕЛЬНИЙ
ПАРАЛЕЛОГРАМ
ПЕРИМЕТР
БАГАТОКУТНИК
РАДІУС
ПРЯМОКУТНИК
СФЕРА
ПЛОЩА
СУМА
СИМЕТРІЯ
ТРИКУТНИК
ОБСЯГ

91 - Water

Ц	Ш	Т	С	Ґ	З	У	Г	Р	Ґ	К	Р	М	Н	Б	В
Ч	К	Ю	К	В	Р	Е	З	Й	Е	Г	А	Є	Л	Л	И
Ж	Д	Ґ	Є	Ц	О	Б	С	Ц	Я	Ш	Я	Н	Ц	Ц	П
І	Ю	К	Ь	Г	Ш	У	Д	У	О	Я	Р	А	А	И	А
Ш	Ю	О	Ю	К	Е	Ь	М	Є	Д	О	Щ	Е	Н	Л	Р
М	О	І	Ц	В	Н	П	И	Т	Н	И	Й	К	Ш	Т	О
О	К	З	А	Л	Н	С	Ь	Т	С	І	Г	О	Л	О	В
Р	Є	Ж	Е	Ф	Я	У	Р	А	Г	А	Н	Т	В	Я	У
О	Ю	Ц	Р	Р	П	О	В	І	Н	Ь	Р	Л	Т	С	В
З	А	І	Г	Р	О	Е	Ь	Г	Ж	Ч	І	Є	М	Ю	А
Ю	Є	Р	Ґ	Г	Я	Д	Х	О	Щ	Б	Ч	Г	Н	И	Н
Ф	Г	Я	И	Ґ	Ф	У	Т	Л	Ш	Ґ	К	Л	І	Д	Н
И	А	С	С	С	Щ	Ь	Б	О	Е	К	А	И	Л	Ь	Я
Д	М	С	Я	М	Н	Р	Р	В	Т	Е	О	Я	И	Х	Х
Ш	Ж	І	П	А	Р	І	М	Ч	Ь	В	А	Я	В	Є	Є
М	У	С	О	Н	Ц	С	Г	Ж	І	У	М	К	Х	Л	О

КАНАЛ
ПИТНИЙ
ВИПАРОВУВАННЯ
ПОВІНЬ
МОРОЗ
ГЕЙЗЕР
ВОЛОГІСТЬ
УРАГАН
ЛІД
ЗРОШЕННЯ
ОЗЕРО
ВОЛОГІ
МУСОН
ОКЕАН
ДОЩ
РІЧКА
ДУШ
СНІГ
ПАР
ХВИЛІ

92 - Activities

М	І	Ґ	И	О	П	И	Я	Л	В	О	Л	О	Б	И	Р
Ц	І	Г	П	Ч	Д	О	В	Т	Ц	Е	Т	С	И	М	О
І	Ь	Т	С	І	Н	Ь	Л	Я	І	Д	Б	І	В	Ш	З
Т	Ч	Ґ	Ю	Я	Ґ	А	З	Ю	О	Р	М	П	Ж	Ж	С
Т	А	Я	Т	Т	И	Ш	А	К	В	М	Л	Ґ	Р	І	Л
В	Л	Н	Б	Ц	Ч	С	Д	Е	Т	А	А	А	Т	Б	А
П	С	Н	Ц	У	І	Д	О	Р	Ц	К	Н	Г	А	Ч	Б
С	Е	А	А	І	Ю	Ч	В	А	И	Е	Х	Н	І	Ю	Л
І	М	Т	К	С	Щ	П	О	М	Н	М	П	Б	Я	Я	Е
Г	Е	И	Ч	И	С	Т	Л	І	В	П	В	О	Л	Ч	Н
Р	Р	Ч	И	К	Г	П	Е	К	І	І	Ґ	П	Л	Д	Н
И	Ц	Х	В	Р	М	У	Н	А	Д	Н	Н	Ш	І	Т	Я
В	Я	З	А	Н	Н	Я	Н	Г	А	Г	Г	Х	В	И	Ш
Ь	Р	К	Н	С	С	Я	Я	К	С	Н	Щ	Т	З	Д	Т
Б	І	Н	Т	Е	Р	Е	С	И	Щ	Б	Г	В	О	В	Ц
Ф	О	Т	О	Г	Р	А	Ф	І	Я	Р	Н	С	Д	Ґ	П

ДІЯЛЬНІСТЬ
МИСТЕЦТВО
КЕМПІНГ
КЕРАМІКА
РЕМЕСЛА
ТАНЦІ
РИБОЛОВЛЯ
ІГРИ
САДІВНИЦТВО
ПОЛЮВАННЯ
ІНТЕРЕСИ
В'ЯЗАННЯ
ДОЗВІЛЛЯ
МАГІЯ
ФОТОГРАФІЯ
ЗАДОВОЛЕННЯ
ЧИТАННЯ
РОЗСЛАБЛЕННЯ
ШИТТЯ
НАВИЧКА

93 - Business

Х	Ю	О	Р	А	Е	А	В	Е	Х	Ь	К	Р	В	О	М
В	К	М	Ф	Д	Ф	Ь	Ж	А	Д	О	Р	П	Ґ	Ф	Е
Ґ	О	А	Т	Ю	Л	А	В	З	Р	А	В	О	Т	І	Н
Ч	М	Г	Г	Ц	Є	Ь	П	М	Н	Т	Л	О	Т	С	Е
Р	П	А	Б	Ф	Л	С	Ж	Ь	Г	И	І	П	И	Г	Д
О	А	З	Е	Ч	И	Є	Ї	Е	Т	Щ	Ж	С	К	Х	Ж
Б	Н	И	С	Н	А	Н	І	Ф	Е	Я	І	К	Т	Ж	Е
О	І	Н	У	Ф	К	К	Ц	В	Ж	Ь	Д	К	А	Ь	Р
Т	Я	Х	Р	Т	І	У	И	Е	Д	Я	Щ	А	Д	М	У
О	О	Б	А	М	М	Р	Т	Р	Ю	Ю	О	Р	О	О	П
Д	Ю	В	Ь	Т	О	А	С	С	Б	Ґ	К	Є	П	К	Е
А	Т	Є	Д	Р	Н	Є	Е	О	Я	А	М	Р	Р	Є	У
В	І	Е	О	М	О	Р	В	Х	Е	Ю	Ф	Р	А	В	К
Е	Т	Я	Х	Г	К	Є	Н	Ц	Ж	О	Щ	І	У	Д	Ч
Ц	В	Л	І	Ф	Е	Ь	І	Ш	О	Р	Г	В	Х	Т	Л
Ь	Е	У	Д	Ж	Е	Г	П	Р	А	Ц	І	В	Н	И	К

БЮДЖЕТ
КАР'ЄР
КОМПАНІЯ
ВАРТІСТЬ
ВАЛЮТА
ЗНИЖКА
ЕКОНОМІКА
ПРАЦІВНИК
РОБОТОДАВЕЦЬ
ФАБРИКА
ФІНАНСИ
ДОХІД
ІНВЕСТИЦІЇ
МЕНЕДЖЕР
ТОВАР
ГРОШІ
ОФІС
ПРОДАЖ
МАГАЗИН
ПОДАТКИ

94 - The Company

П	С	Ґ	А	Н	Р	А	Т	Н	Ч	Ш	П	У	Л	Р	Ш
М	Р	Б	І	З	Н	Е	С	Ш	И	С	Р	У	С	Е	Р
О	Г	Е	Р	Ю	Д	Я	Ч	Ц	Ґ	Е	О	Р	Х	Ч	Ю
Ж	Л	І	З	Ґ	П	О	Ш	Я	В	Р	Ф	І	У	Е	Ц
Л	О	Н	Ц	Е	В	Ь	Х	Б	Х	Г	Е	Ш	Ь	Є	Ц
И	Б	Н	Т	К	Н	Я	Г	І	П	О	С	Е	С	А	О
В	А	О	І	Ф	Ф	Т	Г	Ї	Д	Р	І	Н	Ь	І	Д
І	Л	В	Н	А	Г	К	А	І	Я	П	Й	Н	П	Н	И
С	Ь	А	В	У	Н	У	І	Ц	Ч	Ь	Н	Я	Ц	Л	Н
Т	Н	Ц	Е	М	С	Д	О	Н	І	Ч	И	И	Я	Б	И
Ь	И	І	С	О	Ь	О	К	Е	Т	Я	Й	Ш	Ю	П	Ц
Т	Й	Й	Т	П	Ю	Р	Є	Д	Р	И	З	И	К	И	Ь
С	Є	Н	И	К	С	П	И	Н	Т	В	О	Р	Ч	И	Й
І	К	И	Ц	І	Л	Б	Ю	Е	Г	Ь	Щ	Х	У	Л	Ф
К	Ґ	Й	І	Ь	Т	С	І	Т	Я	Н	Й	А	З	Я	Н
Я	О	Ш	Ї	Р	Е	П	У	Т	А	Ц	І	Я	С	У	Х

БІЗНЕС
ТВОРЧИЙ
РІШЕННЯ
ЗАЙНЯТІСТЬ
ГЛОБАЛЬНИЙ
ІННОВАЦІЙНИЙ
ІНВЕСТИЦІЇ
МОЖЛИВІСТЬ
ПРЕЗЕНТАЦІЯ
ПРОДУКТ
ПРОФЕСІЙНИЙ
ПРОГРЕС
ЯКІСТЬ
РЕПУТАЦІЯ
РЕСУРСИ
ДОХІД
РИЗИКИ
ТЕНДЕНЦІЇ
ОДИНИЦЬ

95 - Literature

Л	О	П	І	Р	Ж	В	Т	О	Д	К	Е	Н	А	В	Ґ
Т	Л	Я	Ь	Л	И	Т	С	П	Р	О	М	А	Н	І	Р
О	Е	Ф	С	Є	Я	М	Я	И	И	О	Ь	Щ	О	Р	У
С	В	М	Х	Л	Ф	Л	А	С	Я	Т	Ч	Ч	Ь	Ш	Н
Т	Ю	У	А	М	Е	Т	А	Ф	О	Р	А	Ю	С	Д	У
Ж	І	Р	Ь	В	Л	В	Я	Т	Р	А	Г	Е	Д	І	Я
Е	Р	П	П	П	И	П	О	Р	І	В	Н	Я	Н	Н	Я
С	Ч	П	Г	Ю	Н	Г	О	Л	А	І	Д	Ю	Х	Ж	І
К	Ч	Р	В	Я	І	Ф	А	Р	Г	О	І	Б	Ф	О	Д
О	П	О	В	І	Д	А	Ч	Д	Ш	М	П	Ф	Г	Ь	Т
В	У	Т	Ш	Г	Ф	Ц	У	Р	К	У	Ф	В	Ж	Р	Г
О	Є	В	М	О	Х	М	З	І	Л	А	Н	А	Щ	Б	А
Н	Ь	А	Х	Л	П	О	Е	Т	И	Ч	Н	И	Й	Р	Х
С	С	Ф	М	А	А	О	П	Ґ	Я	Б	Ґ	С	Ґ	И	Л
И	У	О	С	Н	Р	К	Ь	Я	Г	Щ	С	П	У	Т	Ш
В	Х	Д	Г	А	С	Щ	Д	П	Х	Р	Ґ	Н	С	М	Х

АНАЛОГІЯ
АНАЛІЗ
АНЕКДОТ
АВТОР
БІОГРАФІЯ
ПОРІВНЯННЯ
ВИСНОВОК
ОПИС
ДІАЛОГ
ВИГАДКА
МЕТАФОРА
ОПОВІДАЧ
РОМАН
ВІРШ
ПОЕТИЧНИЙ
РИМА
РИТМ
СТИЛЬ
ТЕМА
ТРАГЕДІЯ

96 - Geography

Ь	Я	Т	Є	С	І	Р	Я	Л	У	К	В	І	П	К	Щ
И	Д	Г	Н	Ч	Ш	А	Є	К	Г	И	И	Я	Ц	Р	С
Р	І	Ч	К	А	А	Т	Л	А	С	Ч	С	Ж	Б	М	Л
О	Є	И	Ю	П	И	Я	І	Л	Ф	Д	О	Ґ	Ш	Ф	Ж
Л	К	М	С	Ц	Ю	Т	П	В	Д	Т	Т	Н	Ю	Ф	Н
О	В	Е	Д	Л	М	А	Я	Ь	С	Д	А	Т	Р	А	К
Ґ	Т	І	А	Р	О	Г	К	О	Н	Т	И	Н	Е	Н	Т
О	Ю	И	У	Н	Т	Ж	Е	У	Ю	Н	Г	К	Я	О	Т
Д	М	Е	Л	М	С	П	І	В	Н	І	Ч	Р	Щ	І	Е
Ь	Н	Е	Д	В	І	П	Л	Ш	П	Д	Б	А	П	Г	Р
Р	Р	Ю	Р	Є	М	М	О	Р	Е	О	С	Ї	Ш	Е	И
У	Я	П	Щ	И	Р	Ь	А	Ч	К	М	Х	Н	І	Р	Т
Д	Ґ	С	Б	Д	Д	І	Х	А	З	Ф	Т	А	Л	Л	О
І	М	О	Т	А	С	І	К	Л	Ґ	Ґ	У	А	Я	А	Р
Е	У	І	Ж	Ґ	Х	Ь	А	Т	О	Р	И	Ш	Ч	Е	І
Ц	Ґ	И	Г	Т	Ж	У	Л	Н	О	С	Т	Р	І	В	Я

АТЛАС
МІСТО
КОНТИНЕНТ
КРАЇНА
ВИСОТА
ПІВКУЛЯ
ОСТРІВ
ШИРОТА
КАРТА
МЕРИДІАН
ГОРА
ПІВНІЧ
ОКЕАН
РЕГІОН
РІЧКА
МОРЕ
ПІВДЕНЬ
ТЕРИТОРІЯ
ЗАХІД
СВІТ

97 - Jazz

Т	Д	К	К	А	О	Ф	П	У	Ц	Е	Г	Г	Б	В	М
І	А	С	О	Б	Щ	Р	Ш	П	С	Р	О	Ш	П	Г	И
М	Л	Л	Ч	М	О	Б	Ь	Л	А	К	И	З	У	М	Р
П	К	Б	А	Ґ	П	Ш	Б	Л	М	С	Ф	Б	А	О	Р
Р	С	К	И	Н	Ж	О	Д	У	Х	Щ	Є	Й	В	Р	Н
О	О	Ч	М	Ч	Т	В	З	Й	Н	О	В	И	Й	К	Ж
В	Ш	С	Л	С	М	Ц	Ш	И	П	І	С	Н	Я	Е	Ф
І	К	О	Н	Ц	Е	Р	Т	Р	Т	Т	П	А	Ч	С	О
З	Є	І	Ю	Р	У	С	Ґ	А	Ц	О	Ґ	Р	Д	Т	П
А	К	І	Н	Х	Е	Т	Ф	Т	М	Щ	Р	Б	Т	Р	Л
Ц	Р	Р	И	Т	М	И	Е	С	Ч	Р	І	О	И	І	Е
І	У	Ь	Б	Є	Ф	Л	Б	М	Ф	Ч	И	Д	М	Л	С
Я	О	І	Ж	Ж	У	Ь	Є	Ч	А	К	Ц	Е	Н	Т	К
В	І	Д	О	М	И	Й	Ч	Х	В	Я	Е	Т	Ж	Ф	И
І	У	Т	У	Ш	Е	Я	Ю	Р	Х	Ш	Л	В	Ю	Н	А
Ф	Д	Ч	О	П	Р	Є	Б	А	Р	А	Б	А	Н	И	У

АЛЬБОМ
ОПЛЕСКИ
ХУДОЖНИК
КОМПОЗИТОР
СКЛАД
КОНЦЕРТ
БАРАБАНИ
АКЦЕНТ
ВІДОМИЙ
ОБРАНИЙ
ІМПРОВІЗАЦІЯ
МУЗИКА
НОВИЙ
СТАРИЙ
ОРКЕСТР
РИТМ
ПІСНЯ
СТИЛЬ
ТАЛАНТ
ТЕХНІКА

98 - Nature

П	Я	А	С	Б	С	І	Л	І	Ж	Д	Б	Я	Щ	Р	Б
Т	У	Ф	А	К	И	В	О	Д	О	Ь	Л	Р	Ц	І	Е
В	Ч	С	Д	И	Ц	К	Я	Т	Р	Г	У	Р	И	Ч	З
А	У	Н	Т	Ж	Ґ	Ґ	Е	Т	Й	И	К	И	Д	К	Т
Р	Ґ	У	М	Е	Ч	Т	Р	Ч	И	Р	А	М	Х	А	У
И	С	М	Н	И	Л	В	О	Ґ	Н	Л	Є	Т	Ф	К	Р
Н	А	М	У	Т	И	Я	З	А	Ч	М	И	Р	В	Б	Б
Р	Л	І	Т	У	І	Ф	І	П	І	Е	Р	Щ	М	Б	О
Я	Щ	І	Л	О	К	Д	Я	Ч	М	Н	О	Е	Е	М	Т
А	Р	К	Т	И	Ч	Н	И	Й	А	У	Г	О	Р	И	Н
Ц	А	Ш	С	Л	И	С	Т	Я	Н	С	Т	Ь	У	Р	И
Ц	Ц	Е	К	Г	К	Т	Ф	Ґ	И	Л	А	Ь	Б	Н	Й
Ч	Т	К	Е	П	Ч	Е	У	Н	Д	Є	Н	Р	Е	О	В
А	Т	У	Л	Т	Р	О	П	І	Ч	Н	И	Й	К	Ц	Б
Ю	С	П	І	Ц	С	О	Ч	І	Ю	Ц	Ф	Ж	Х	Е	Є
В	О	Ц	Р	Е	І	Ш	Ь	Щ	Я	Т	Ц	С	Ж	Х	Ь

ТВАРИН
АРКТИЧНИЙ
КРАСА
БДЖІЛ
СКЕЛІ
ХМАРИ
ПУСТЕЛЯ
ДИНАМІЧНИЙ
ЕРОЗІЯ
ТУМАН
ЛИСТЯ
ЛІС
ЛЬОДОВИК
ГОРИ
МИРНО
РІЧКА
СВЯТИЛИЩЕ
БЕЗТУРБОТНИЙ
ТРОПІЧНИЙ
ДИКИЙ

99 - Vacation #2

Р	М	Ь	Я	К	С	Ф	Г	И	Г	У	Ж	Б	І	Ш	П
Ж	Ю	Н	Ч	Г	Ґ	П	А	И	О	Ю	Б	Н	Н	Є	Р
Ь	Щ	А	Н	Ш	Ь	Ь	Л	Г	Р	Ф	Г	Е	О	Ф	И
В	Н	М	В	О	С	Щ	Р	Я	И	Т	Б	П	З	Т	З
Д	Т	Е	П	Т	Ш	П	Р	Ф	Ж	Р	Щ	А	Е	Р	Н
Д	Р	Т	Ч	Й	И	Н	М	Е	З	О	Н	І	М	О	А
З	О	Т	Я	В	С	В	І	З	А	П	Ч	С	Е	П	Ч
Ї	П	З	Ж	Н	Т	Щ	М	Д	Я	С	Т	К	Ц	С	Е
О	О	Г	В	Е	Я	Ь	П	Я	Л	Н	В	А	Ь	А	Н
П	Р	Ю	П	І	К	О	Е	Г	К	А	Р	Т	А	П	Н
Д	Е	Р	О	М	Л	Ф	Ж	Ф	О	Р	Ш	Ц	К	О	Я
У	А	М	А	Е	О	Л	А	Є	А	Т	Щ	Ш	Т	Д	Н
О	С	Т	Р	І	В	Х	Я	С	Ь	Я	Е	Щ	С	О	Ж
Б	К	Ч	Д	И	Н	Н	А	Х	Г	П	Н	Л	Ш	Р	А
Ф	Ц	І	Х	Ф	И	Ж	Н	О	Ш	Я	Л	Я	Ь	О	Ю
К	Е	М	П	І	Н	Г	Л	Х	У	Є	И	Ф	Щ	Ж	Д

АЕРОПОРТ
ПЛЯЖ
КЕМПІНГ
ПРИЗНАЧЕННЯ
ІНОЗЕМНИЙ
ІНОЗЕМЕЦЬ
СВЯТО
ГОТЕЛЬ
ОСТРІВ
ПОДОРОЖ
ДОЗВІЛЛЯ
КАРТА
ГОРИ
ПАСПОРТ
МОРЕ
ТАКСІ
НАМЕТ
ПОЇЗД
ТРАНСПОРТ
ВІЗА

100 - Electricity

Ц	Г	Я	И	О	Ч	Ш	И	Ч	У	П	Е	Н	К	Ь	Д
Х	Ю	У	У	Ф	Є	С	Л	Ґ	Т	О	Л	Е	І	О	Ш
У	Ю	Ф	Ь	Р	Ч	И	Є	Ж	Ч	З	Е	Г	Л	Б	Ш
Ґ	Т	М	Л	Д	Ю	Л	Ґ	Х	В	И	К	А	Ь	Є	Б
Я	Н	Н	Е	Ч	А	Б	Е	Л	Е	Т	Т	Т	К	К	Е
З	Р	О	Б	М	Е	Р	Е	Ж	А	И	Р	И	І	Т	Л
О	Б	Ф	А	Л	М	Р	И	Б	Я	В	И	В	С	К	Е
У	Б	Е	К	І	У	С	О	А	Е	Н	К	Н	Т	Е	К
Т	Д	Л	Р	Ю	П	Ч	Ч	Т	П	И	Ж	И	Ь	Ґ	Т
Є	Р	Е	А	І	Ч	Е	М	А	А	Й	Ж	Й	Ц	Л	Р
Л	О	Т	К	Д	Г	М	Ш	Р	І	Р	Ф	С	Т	А	И
А	Т	І	Т	Е	Н	А	В	Е	С	Б	Е	Г	Т	М	Ч
З	И	Н	Е	П	И	А	Н	Я	Ч	Х	Ь	Н	О	П	Н
Е	М	Г	З	Ш	Д	О	Н	Н	В	Є	Е	О	Е	А	И
Р	Ґ	А	О	Ш	Ш	В	Ч	Н	Я	Ґ	Ш	Б	Щ	Г	Й
І	Ґ	М	Р	Щ	Ґ	І	Ґ	О	Я	И	Ч	Г	Б	Ґ	М

БАТАРЕЯ
КАБЕЛЬ
ЕЛЕКТРИЧНИЙ
ЕЛЕКТРИК
ОБЛАДНАННЯ
ГЕНЕРАТОР
ЛАМПА
ЛАЗЕР
МАГНІТ
НЕГАТИВНИЙ
МЕРЕЖА
ОБ'ЄКТ
ПОЗИТИВНИЙ
КІЛЬКІСТЬ
РОЗЕТКА
ЗБЕРІГАННЯ
ТЕЛЕФОН
ТЕЛЕБАЧЕННЯ
ДРОТИ

1 - Antiques

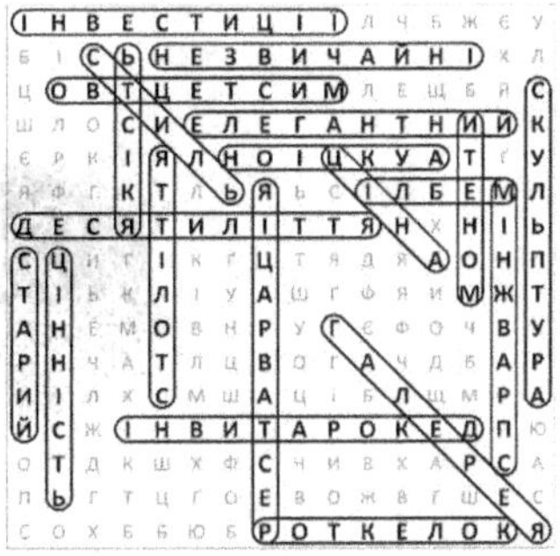

2 - Food #1

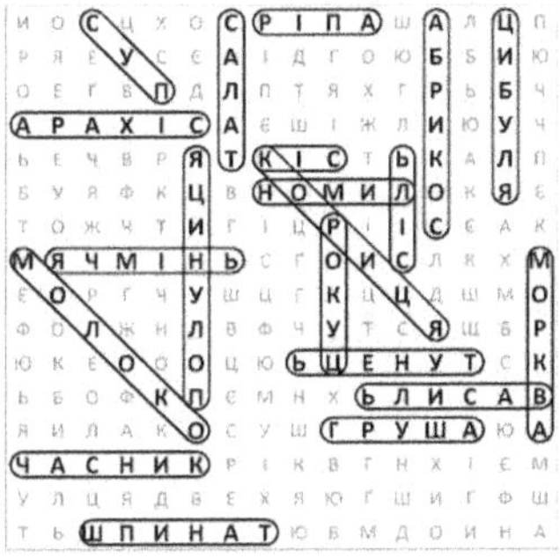

3 - Measurements

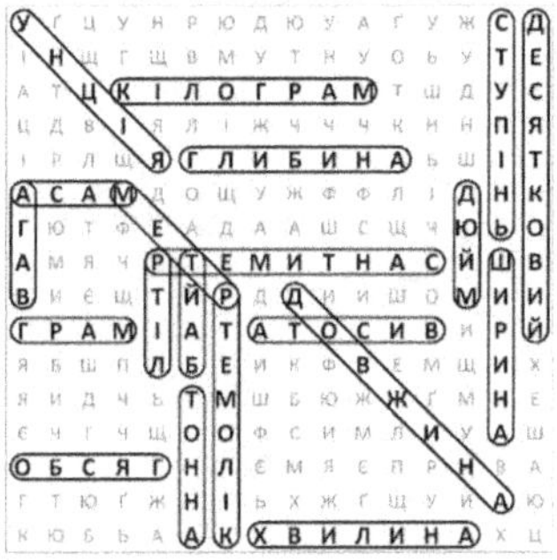

4 - Farm #2

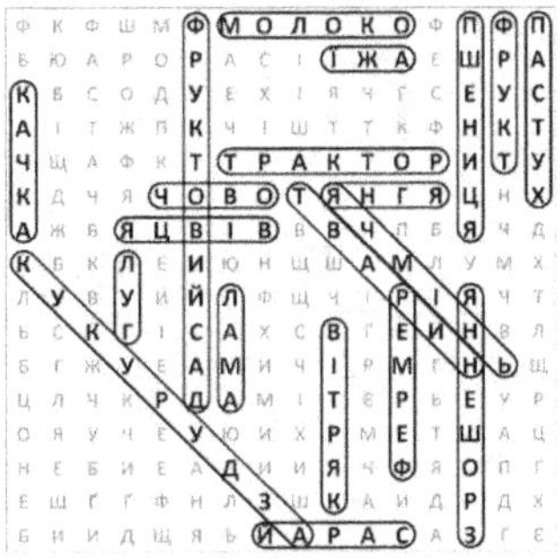

5 - Books

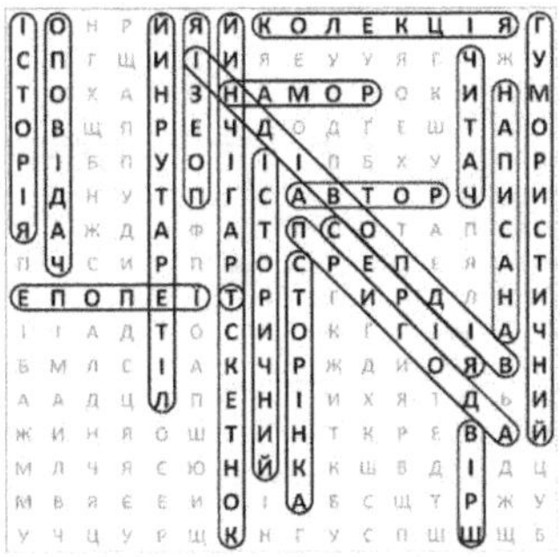

6 - Meditation

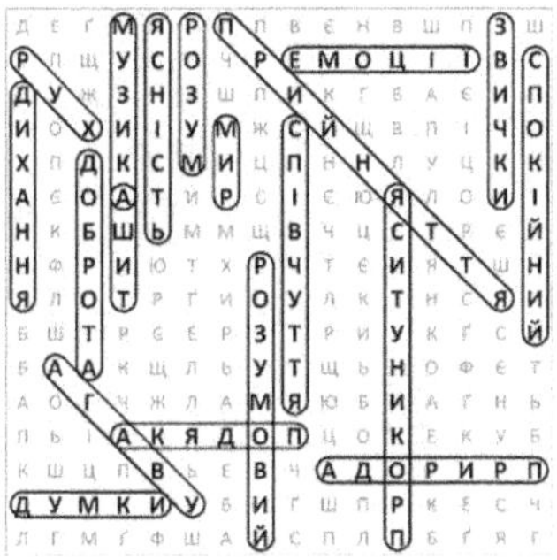

7 - Days and Months

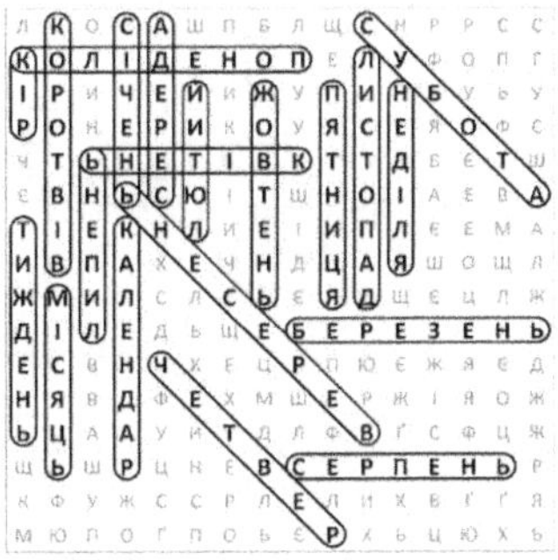

8 - Energy

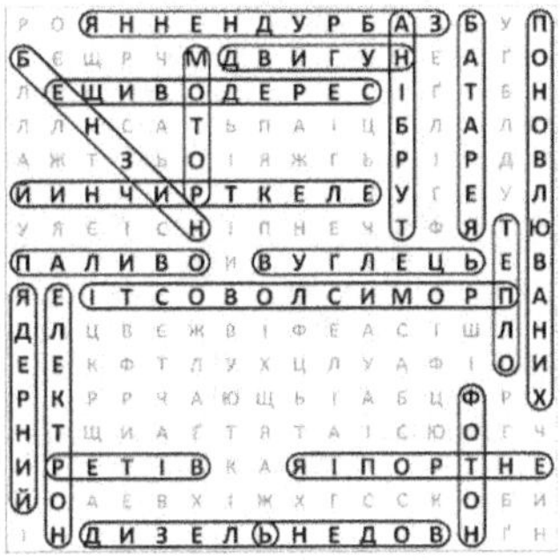

9 - Archeology

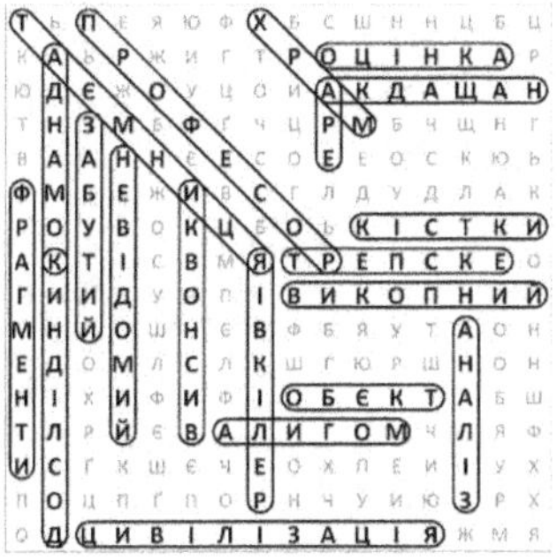

10 - Food #2

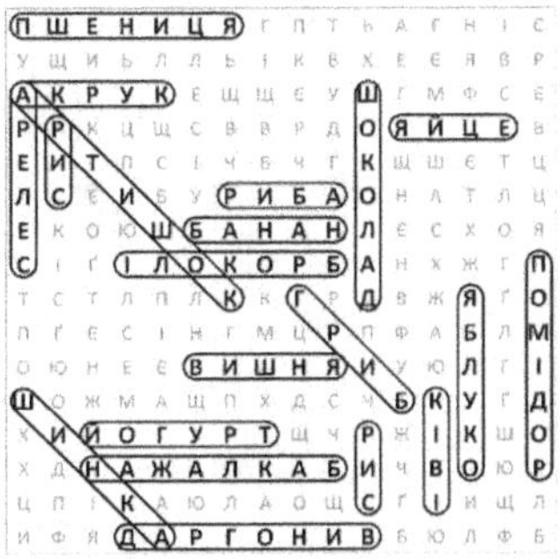

11 - Chemistry

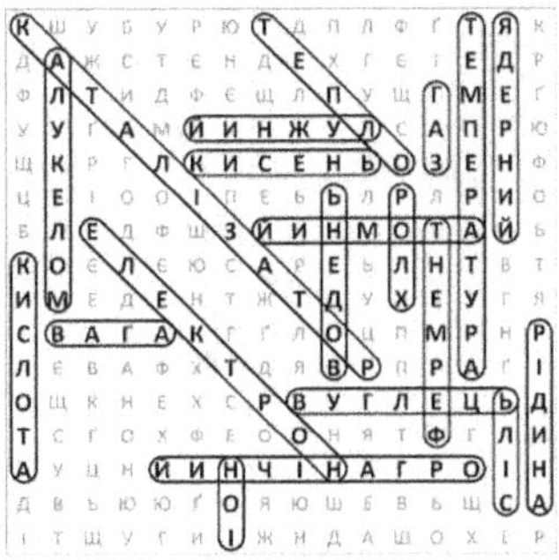

12 - Music

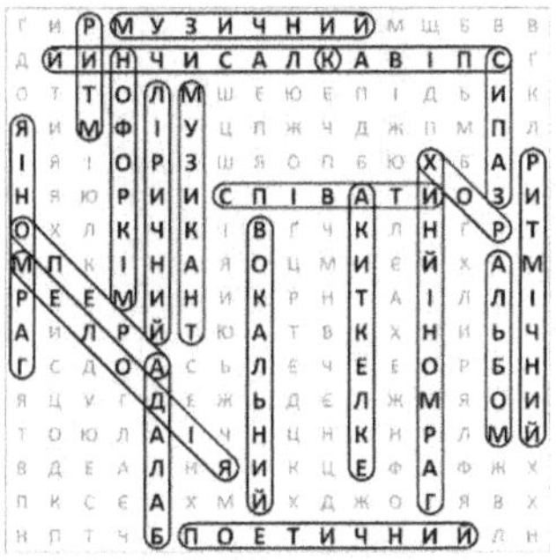

13 - Family

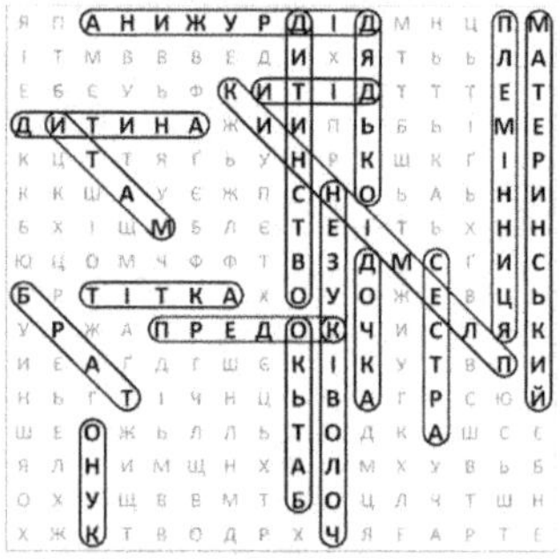

14 - Farm #1

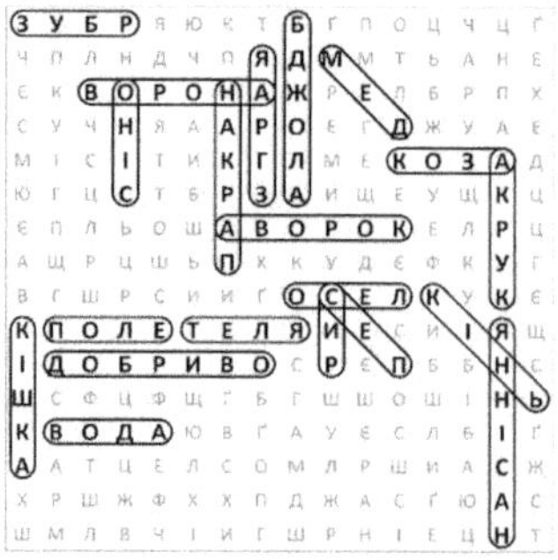

15 - Camping

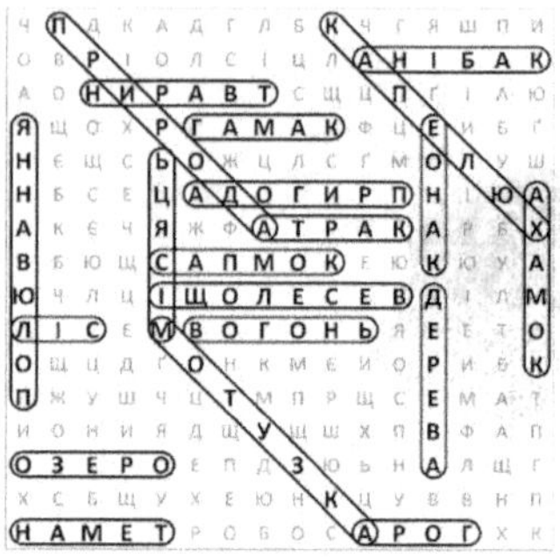

16 - Algebra

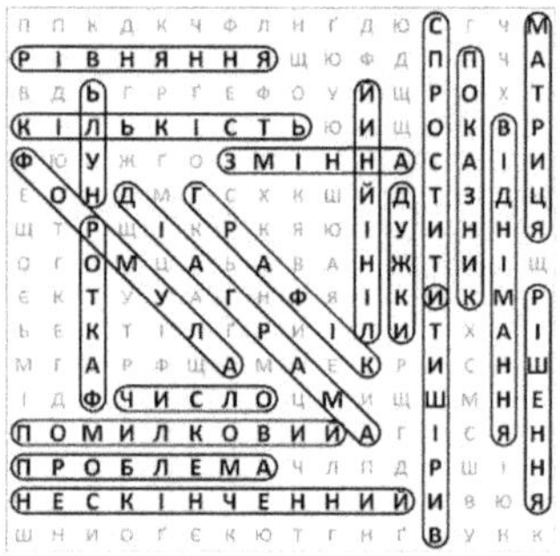

17 - Numbers

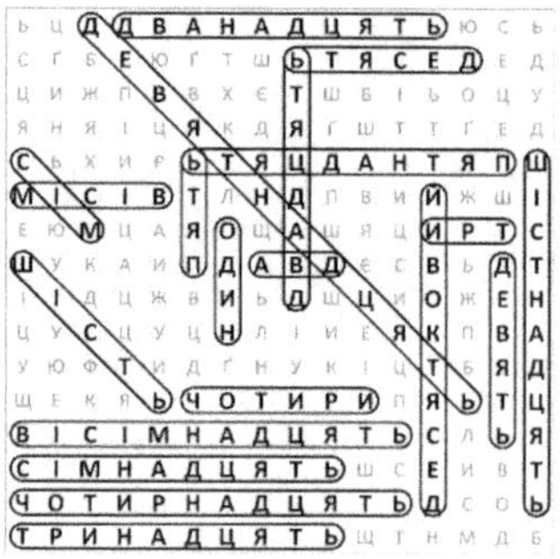

18 - Spices

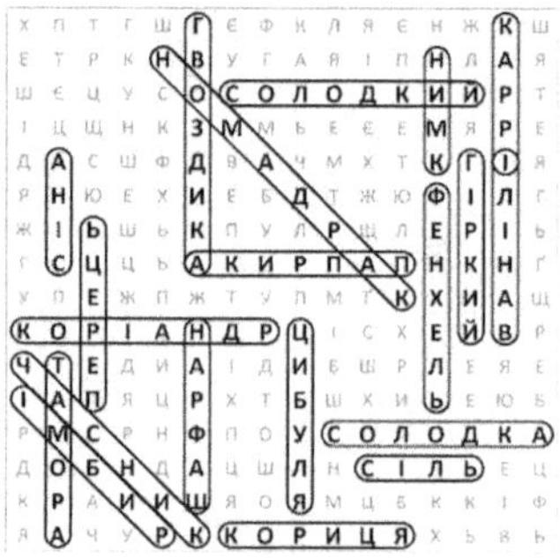

19 - Universe

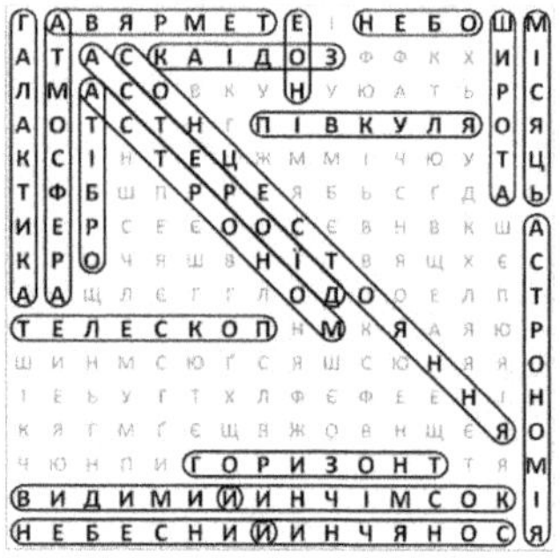

20 - Mammals

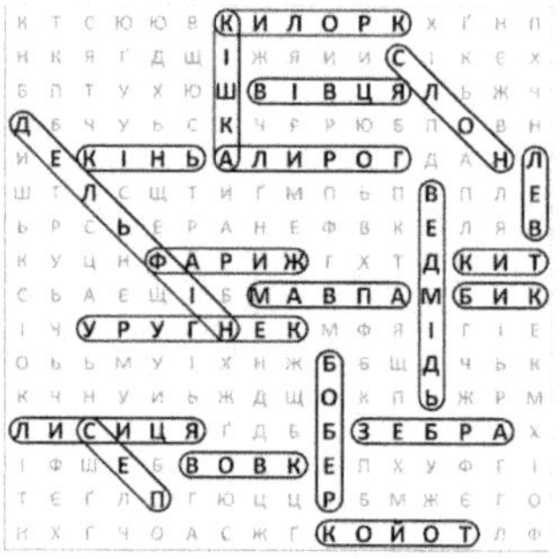

21 - Fishing

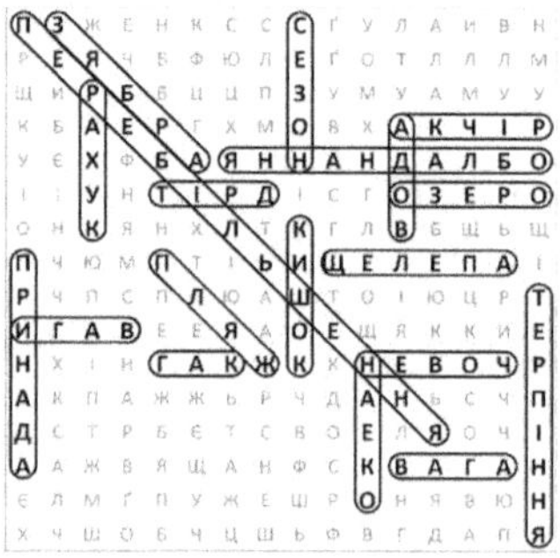

22 - Bees

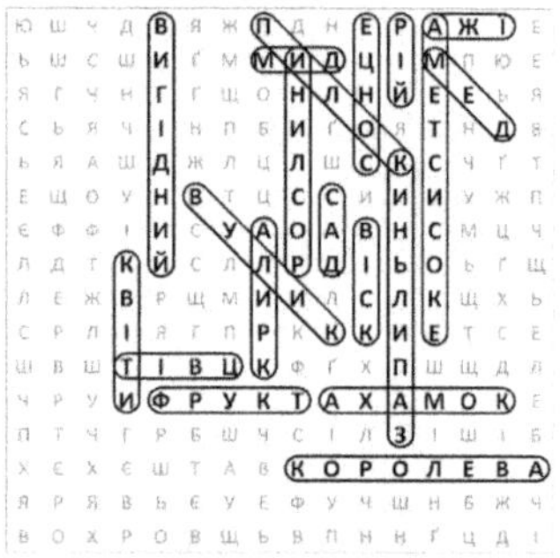

23 - Weather

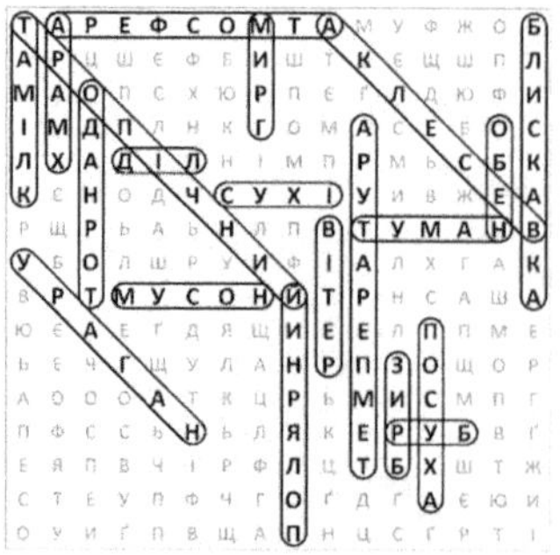

24 - Adventure

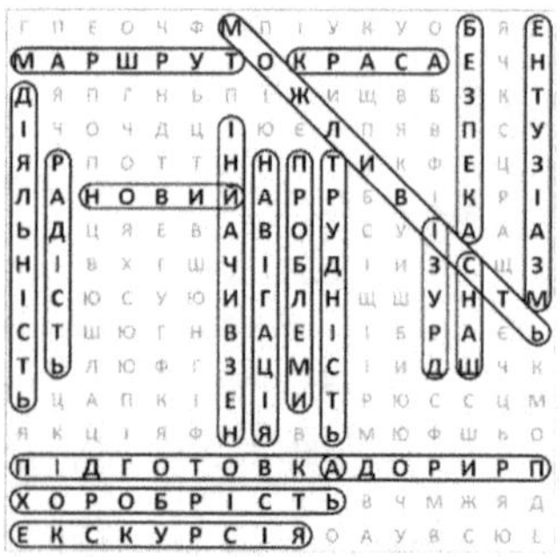

25 - Sport

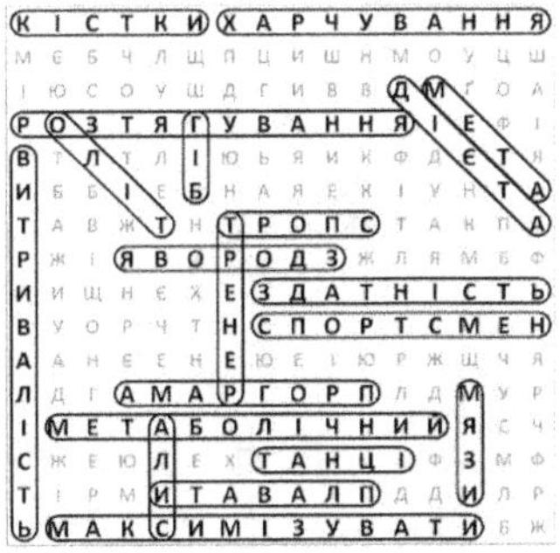

26 - Restaurant #2

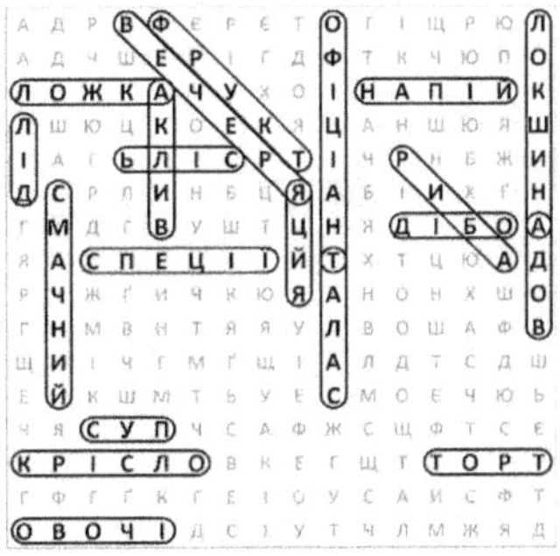

27 - Geology

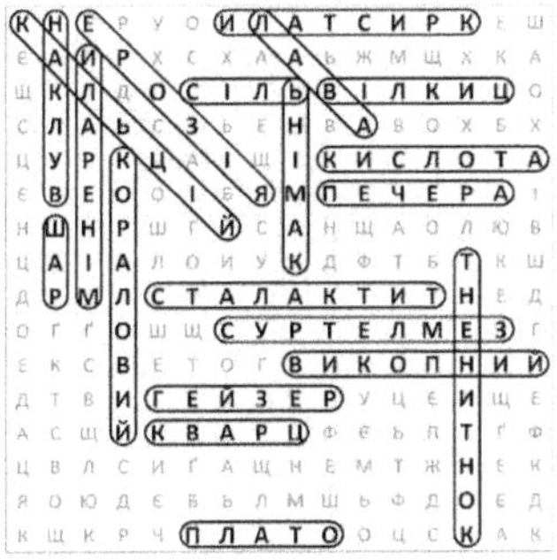

28 - House

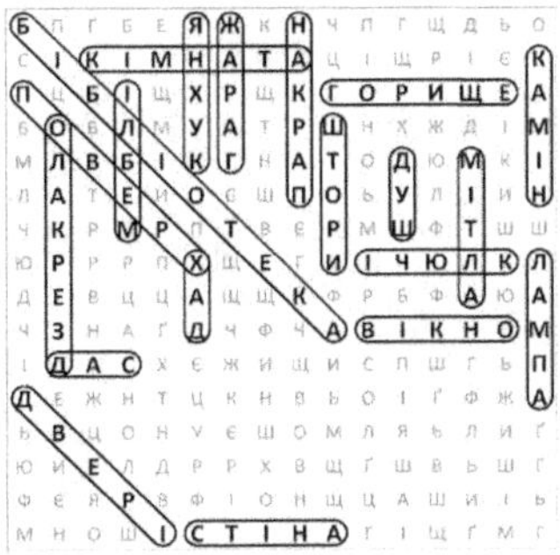

29 - Physics

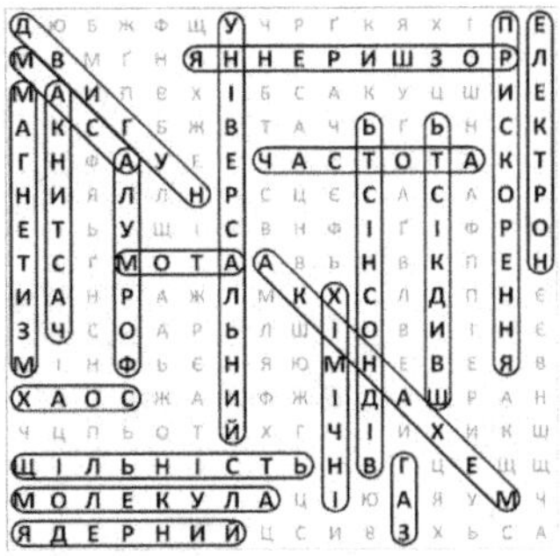

30 - Dance

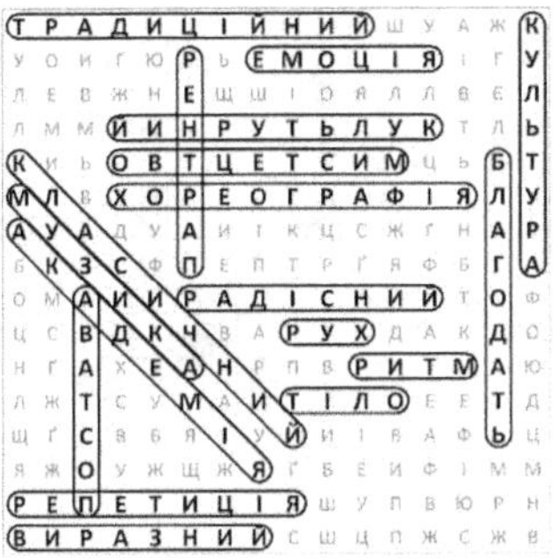

31 - Shapes

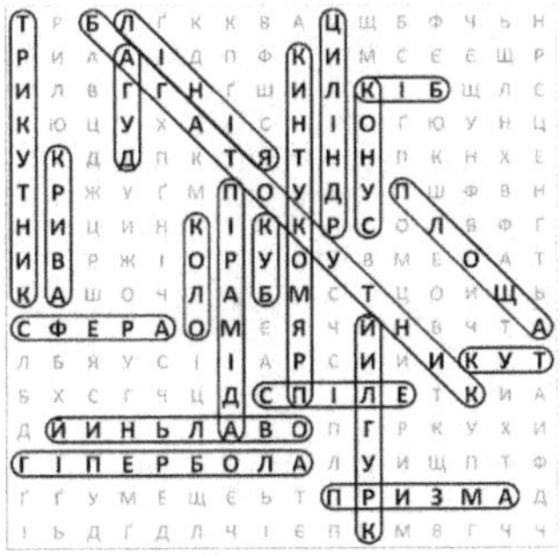

32 - Scientific Disciplines

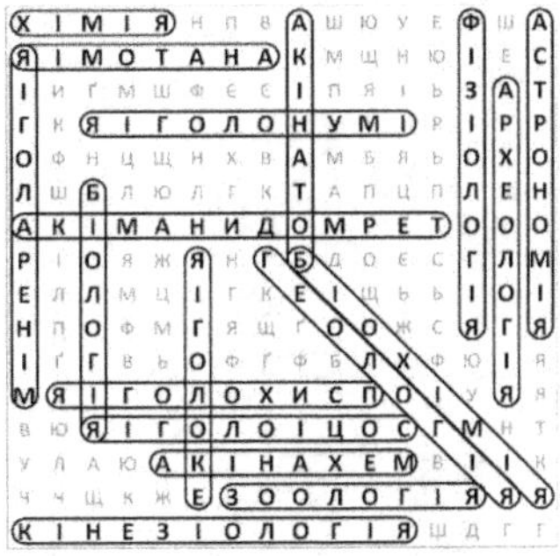

33 - Science

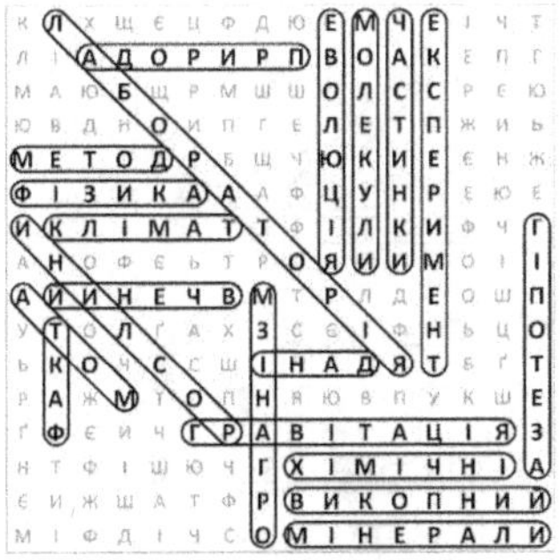

34 - Beauty

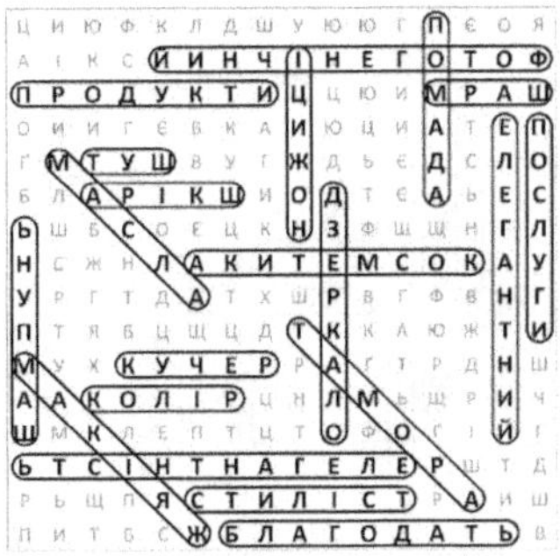

35 - Clothes

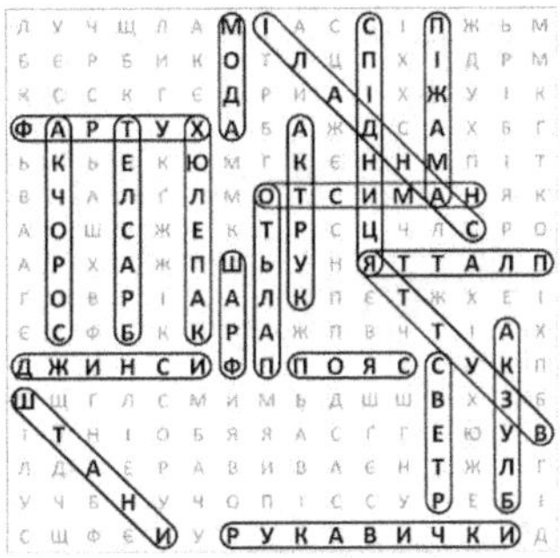

36 - Insects

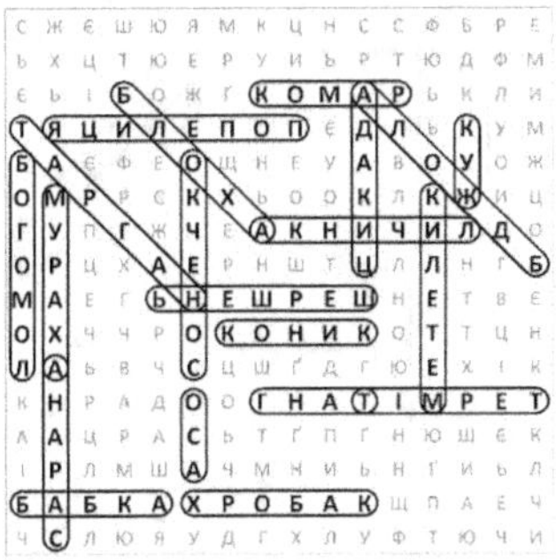

37 - Astronomy

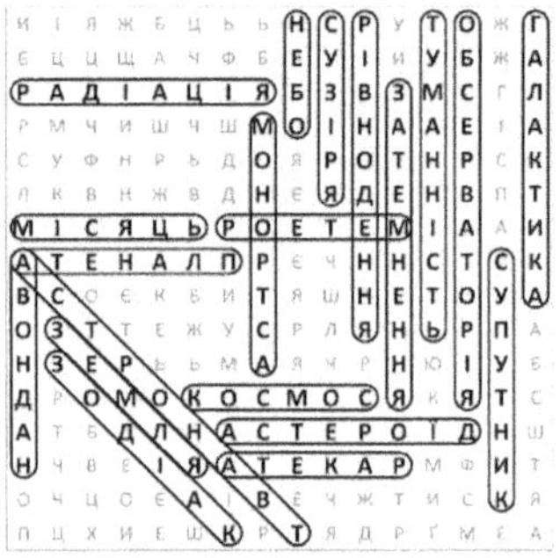

38 - Health and Wellness #2

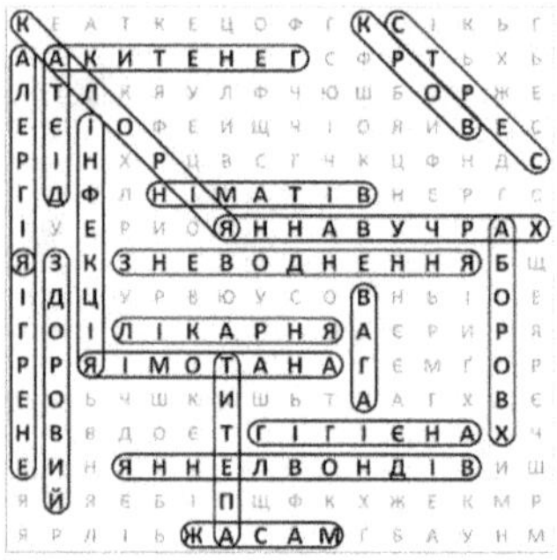

39 - Disease

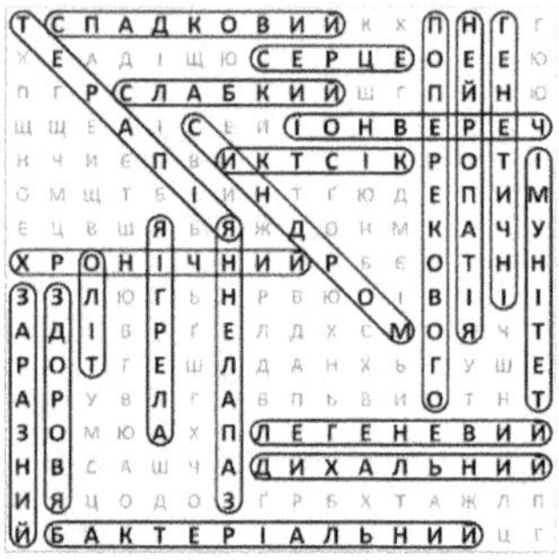

40 - Time

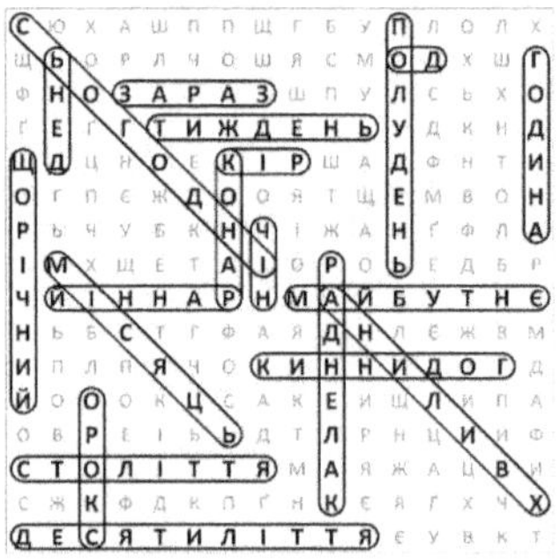

41 - Buildings

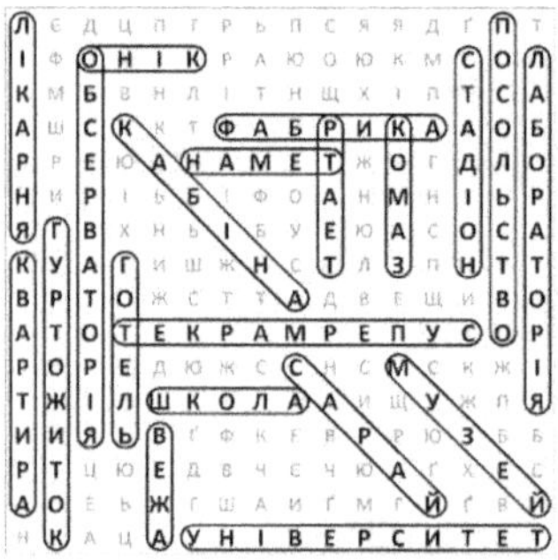

42 - Philanthropy

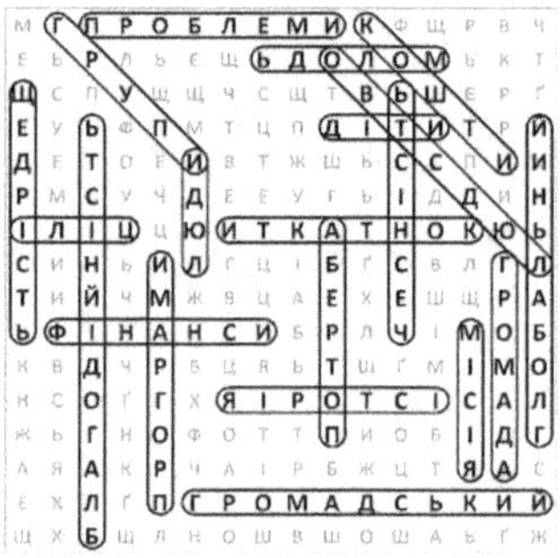

43 - Gardening

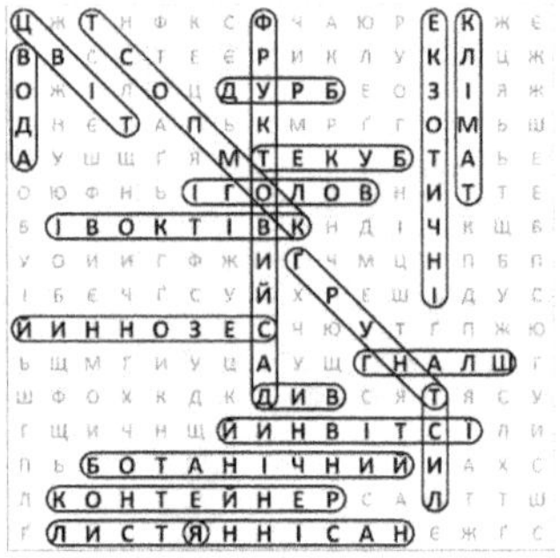

44 - Herbalism

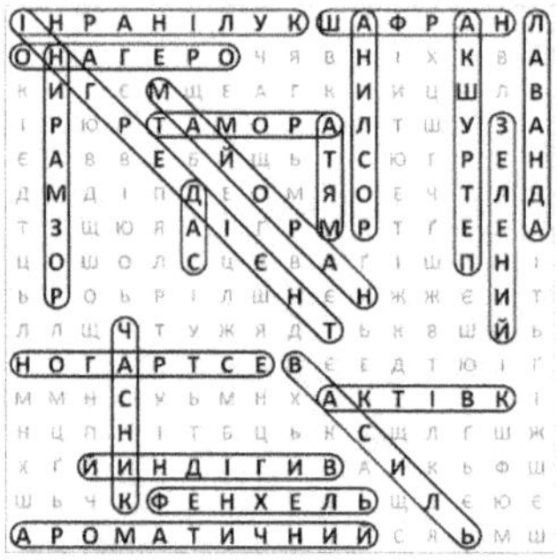

45 - Vehicles

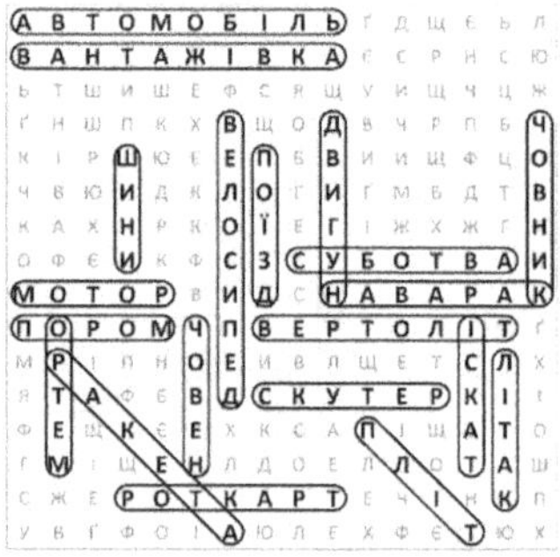

46 - Flowers

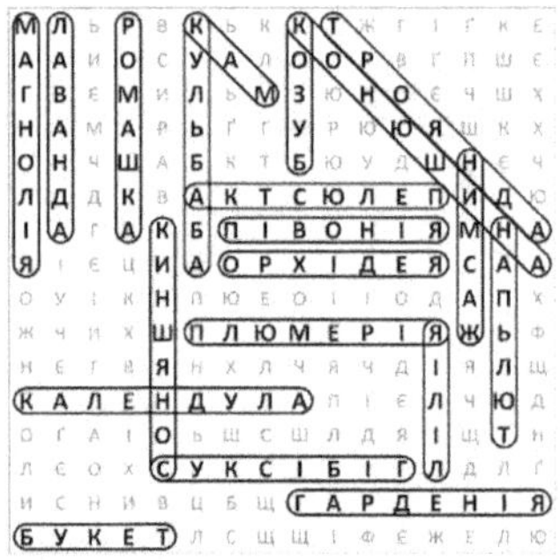

47 - Health and Wellness #1

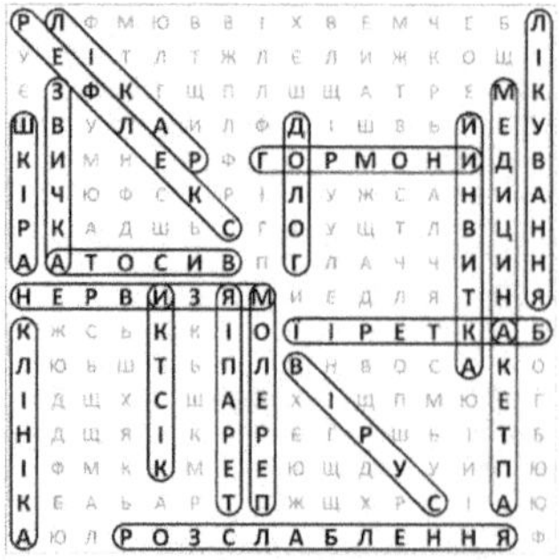

48 - Town

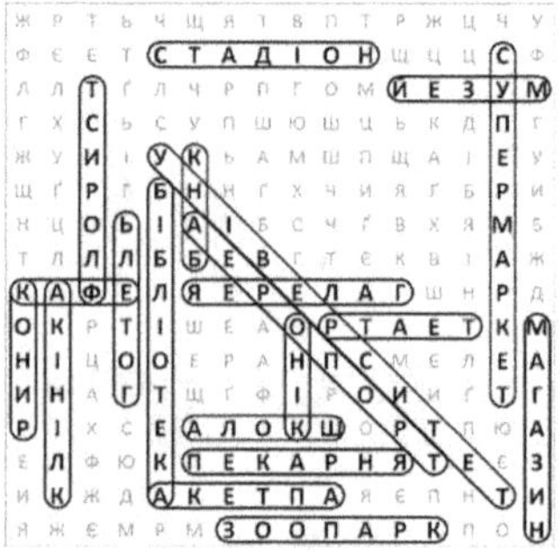

49 - Antarctica

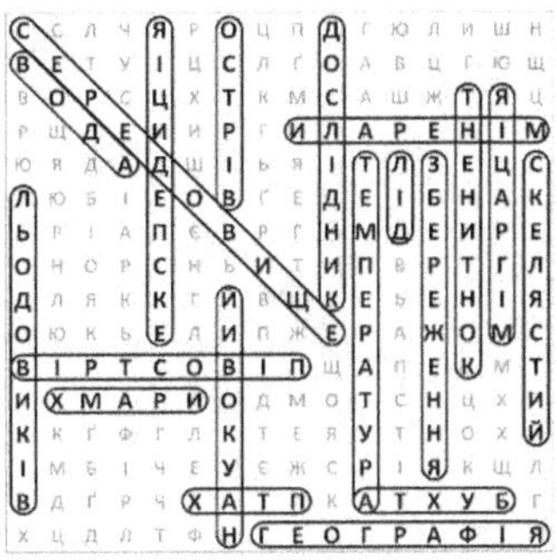

50 - Ballet

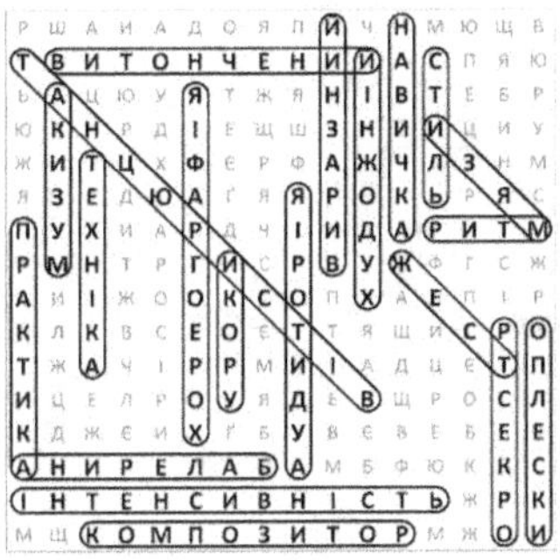

51 - Fashion

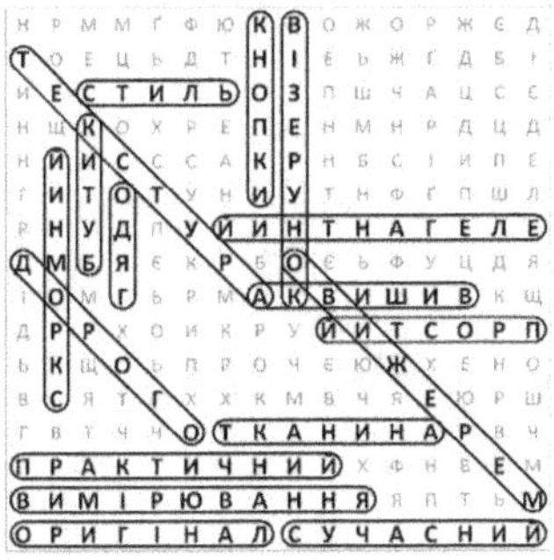

52 - Human Body

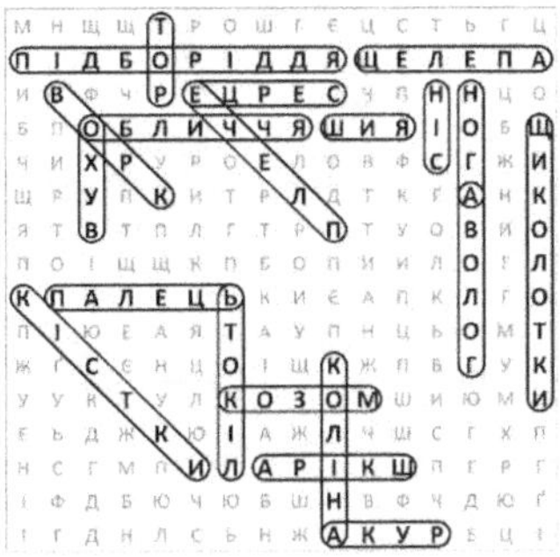

53 - Musical Instruments

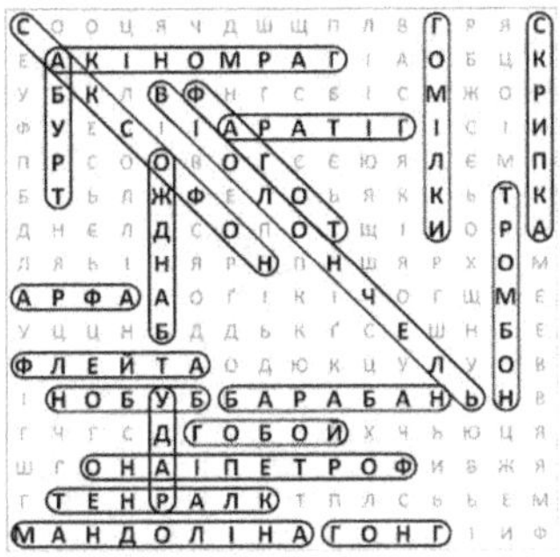

54 - Fruit

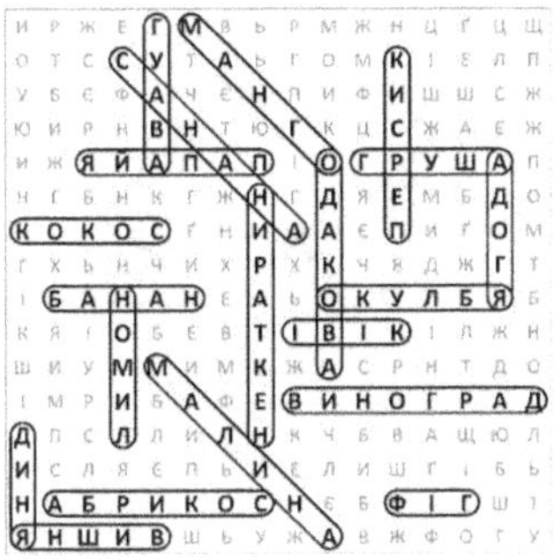

55 - Engineering

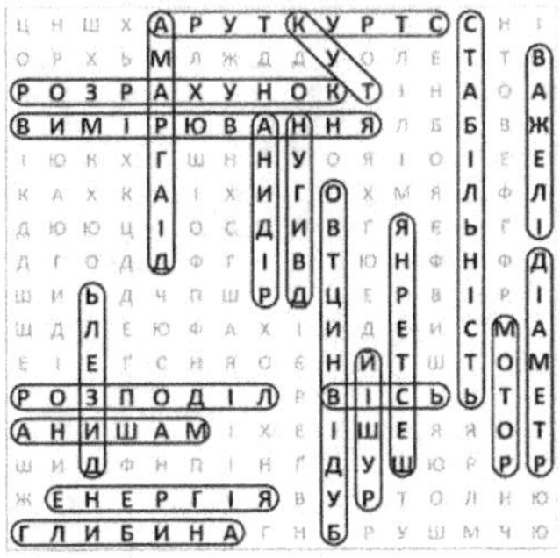

56 - Kitchen

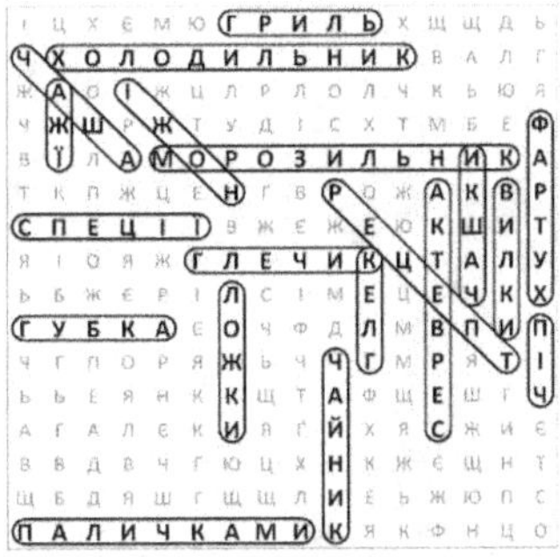

57 - Government

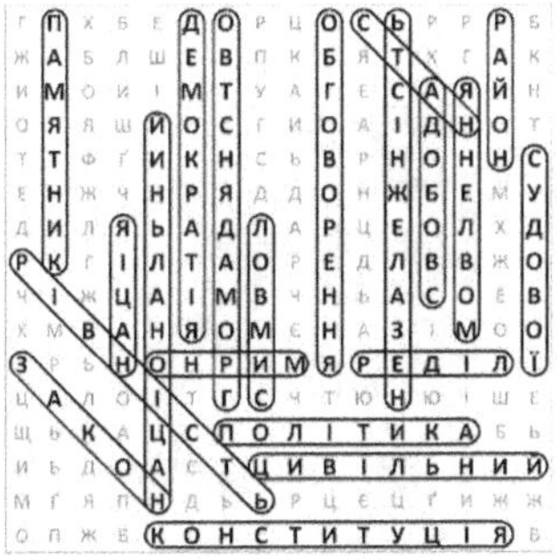

58 - Art Supplies

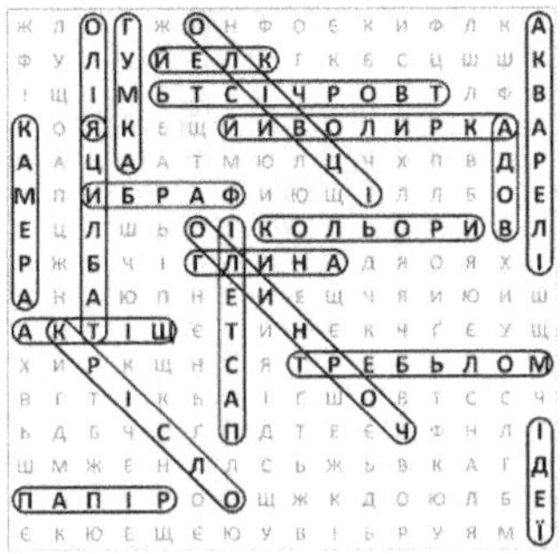

59 - Science Fiction

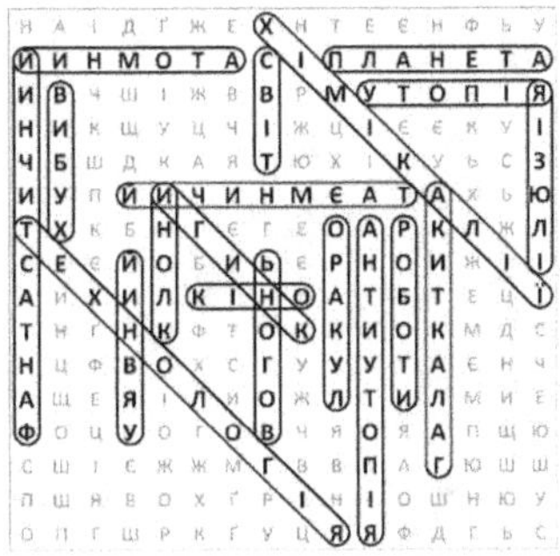

60 - Geometry

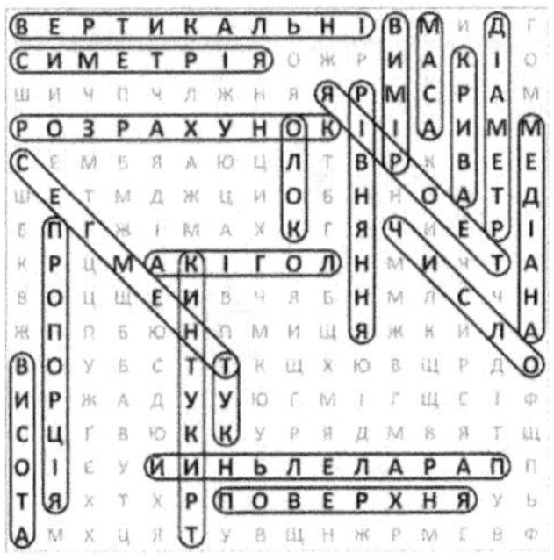

61 - Creativity

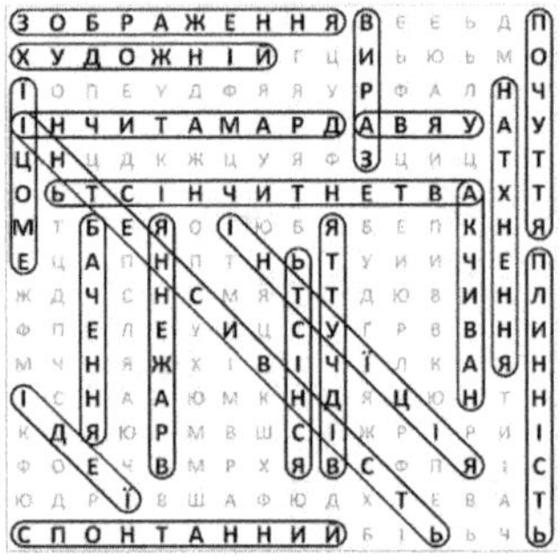

62 - Airplanes

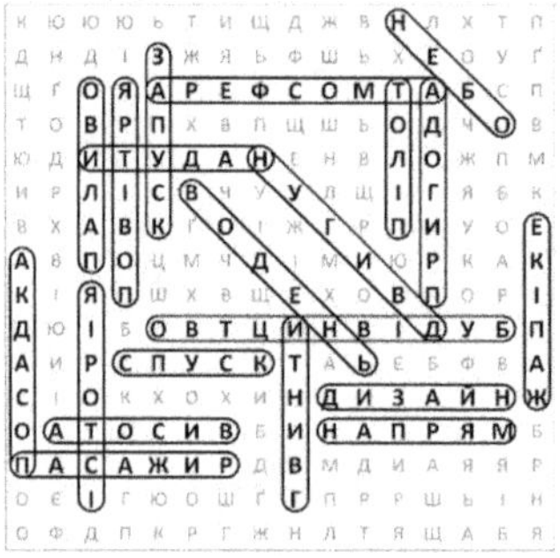

63 - Ocean

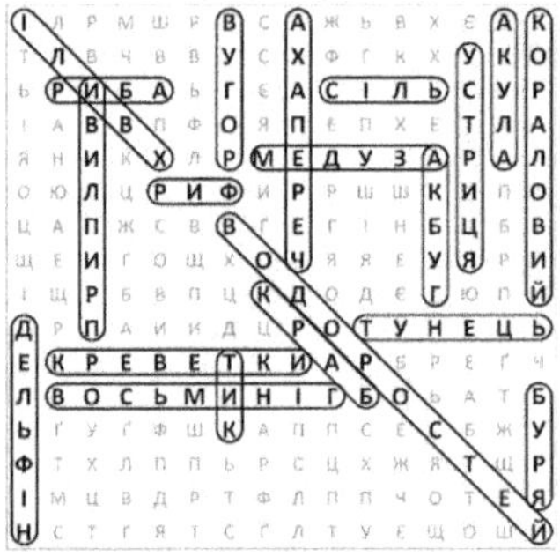

64 - Force and Gravity

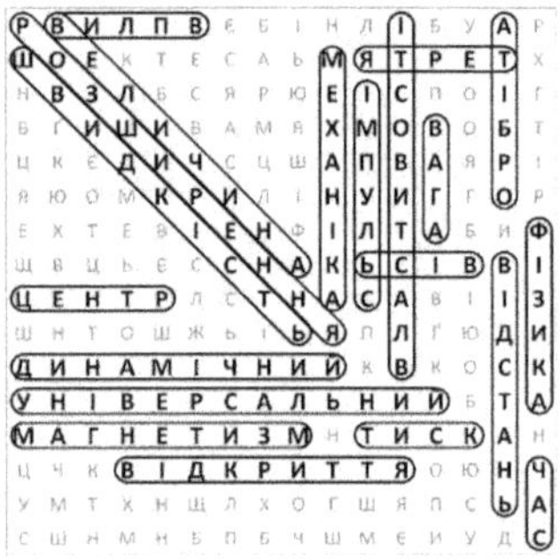

65 - Birds

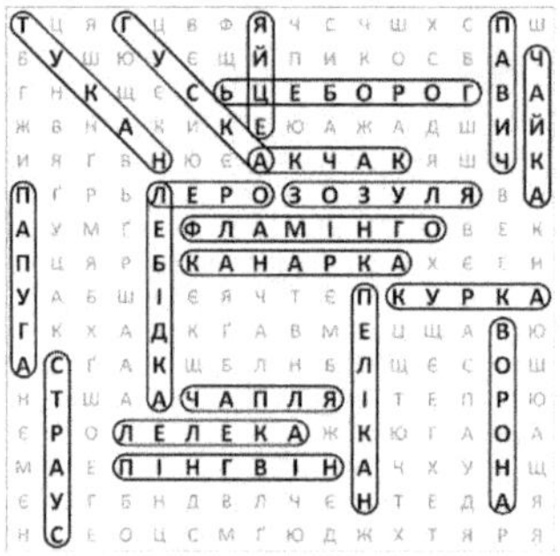

66 - Nutrition

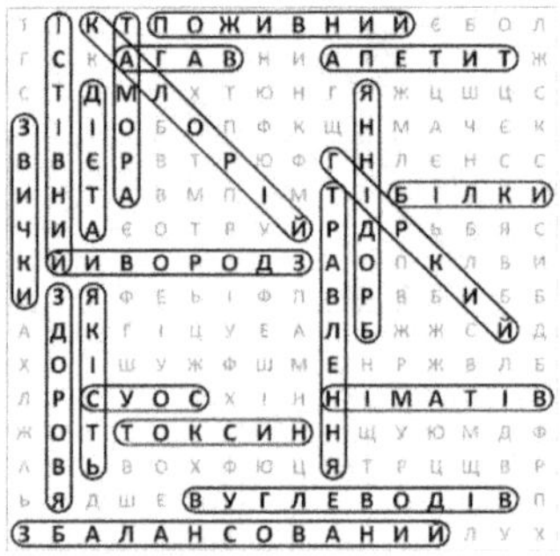

67 - Hiking

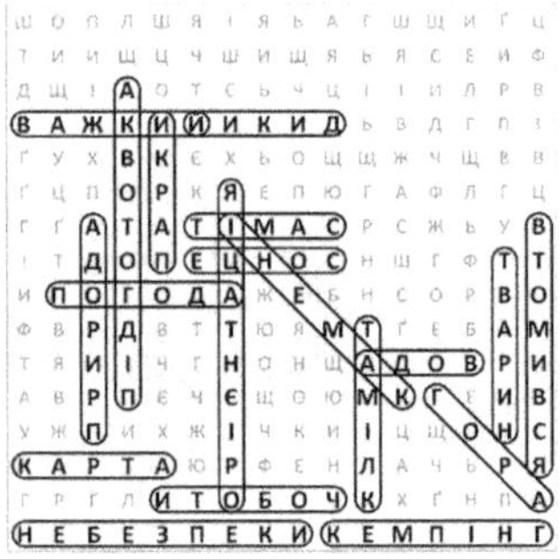

68 - Professions #1

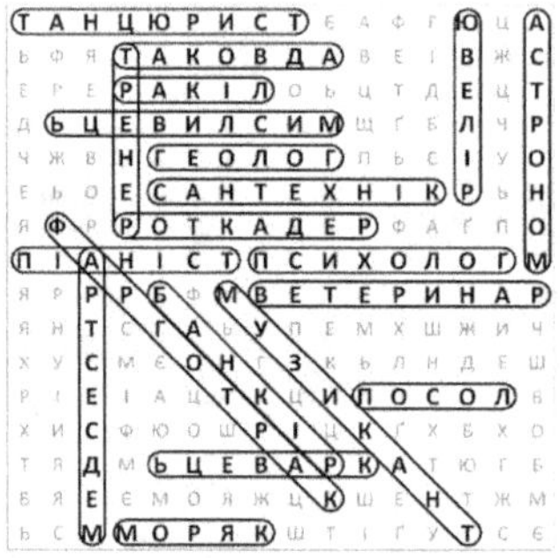

69 - Barbecues

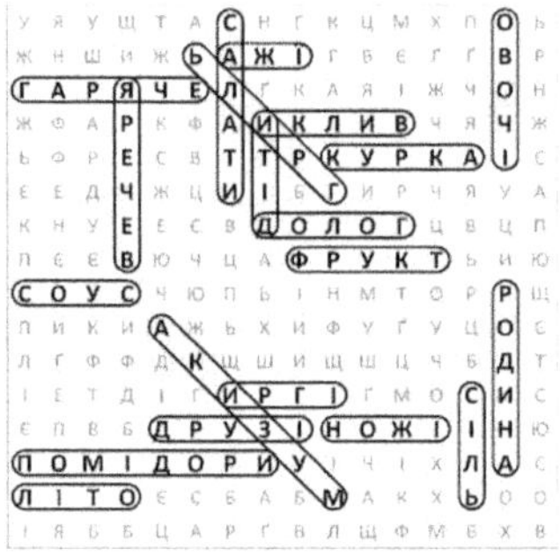

70 - Chocolate

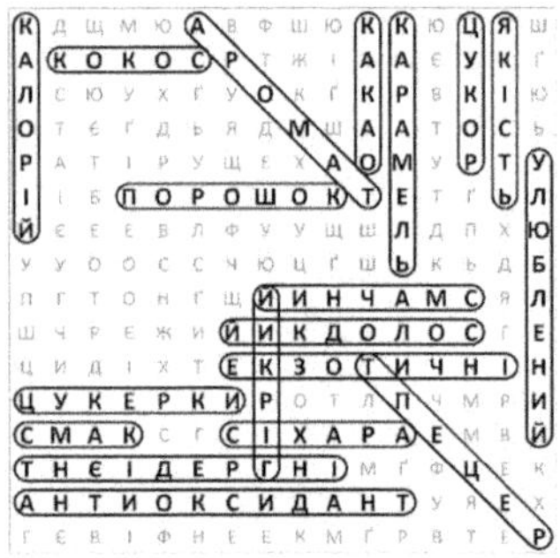

71 - Vegetables

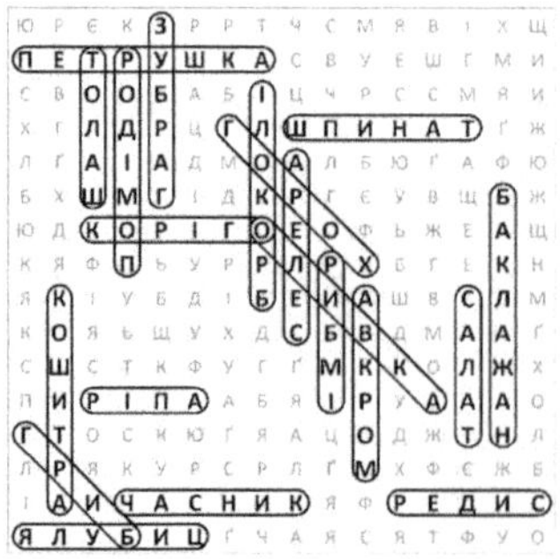

72 - Boats

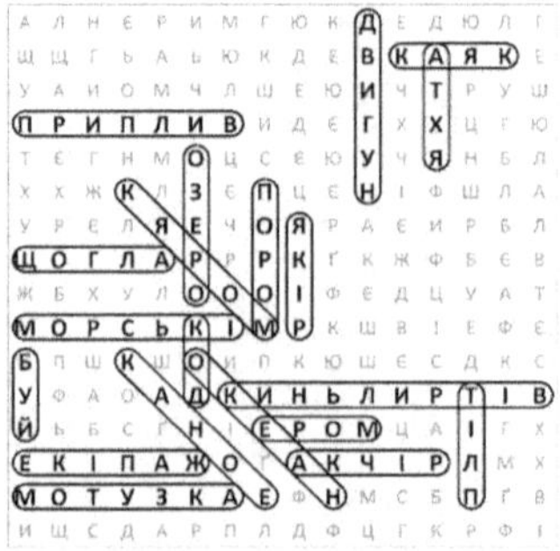

73 - Driving

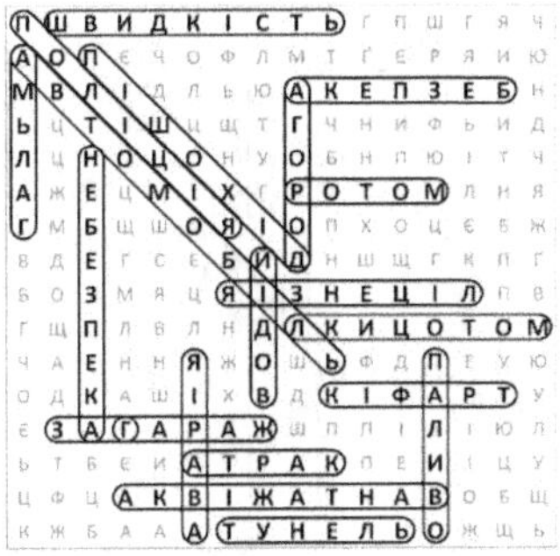

74 - Biology

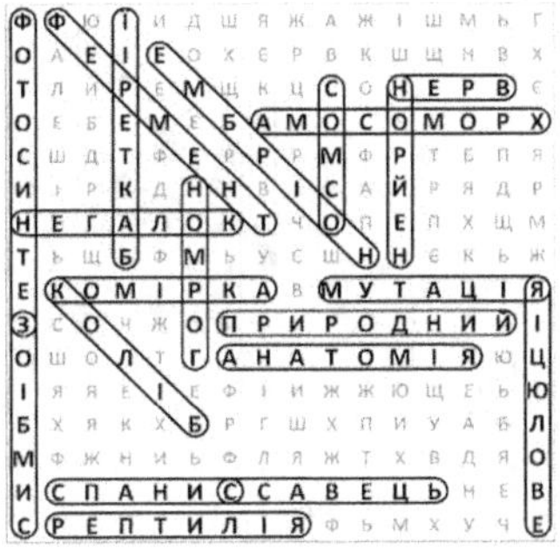

75 - Professions #2

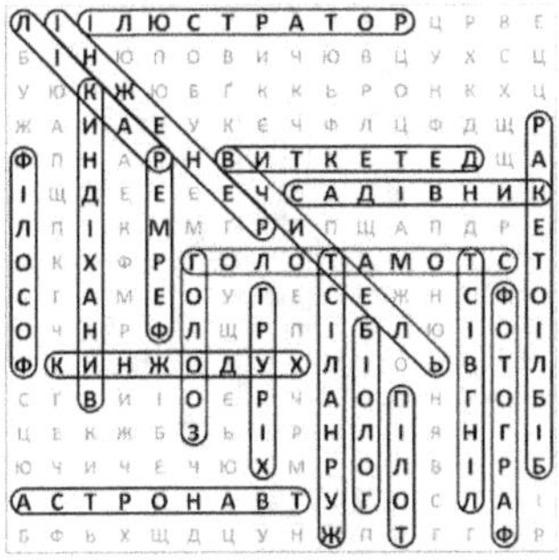

76 - Mythology

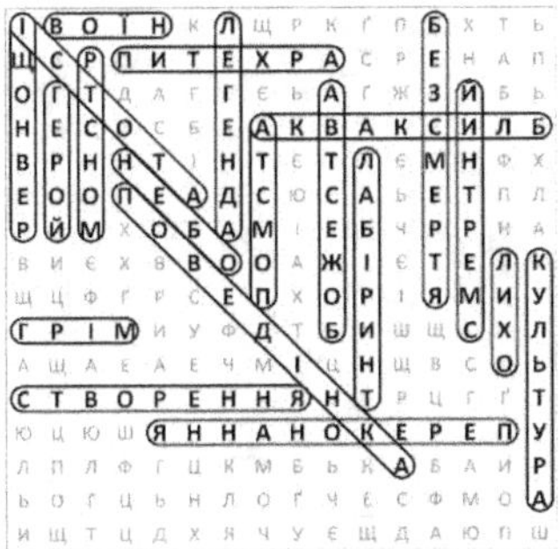

77 - Agronomy

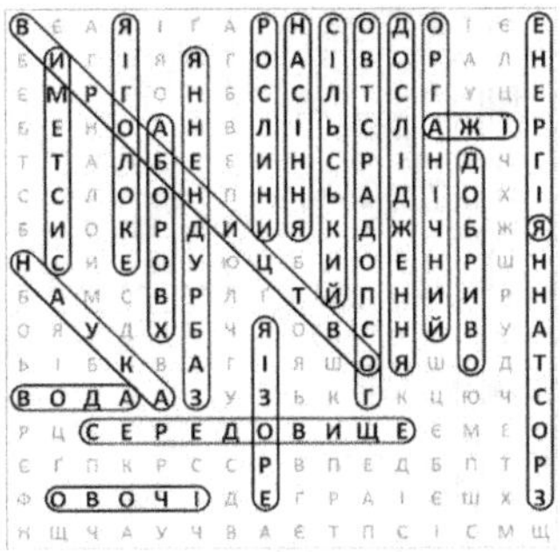

78 - Hair Types

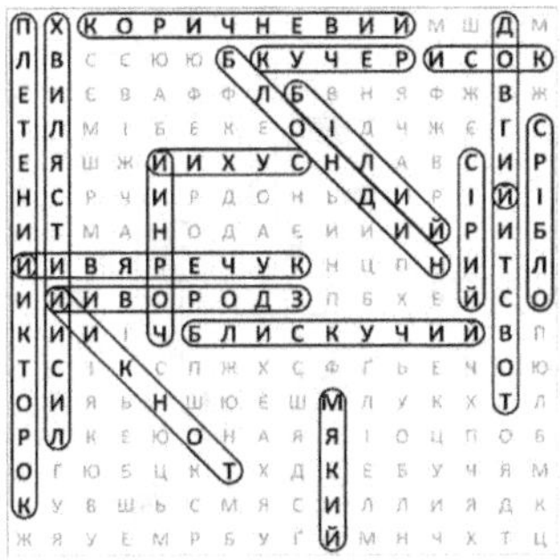

79 - Garden

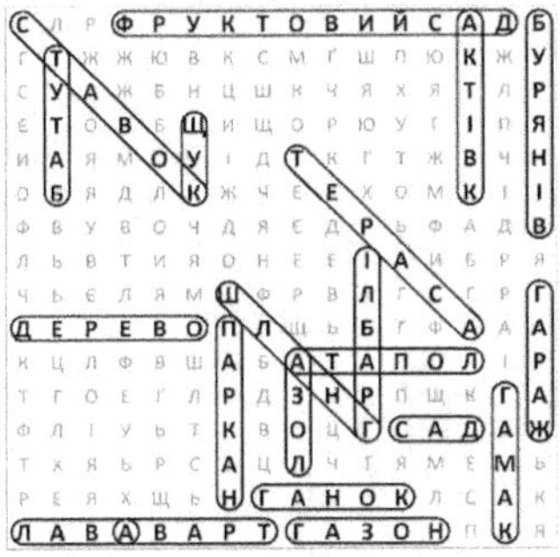

80 - Diplomacy

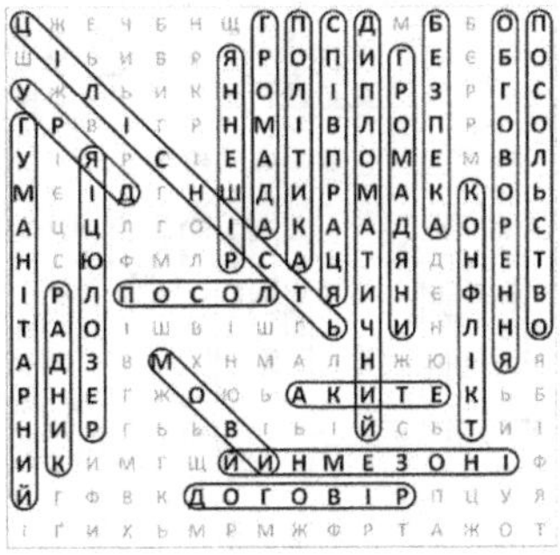

81 - Countries #1

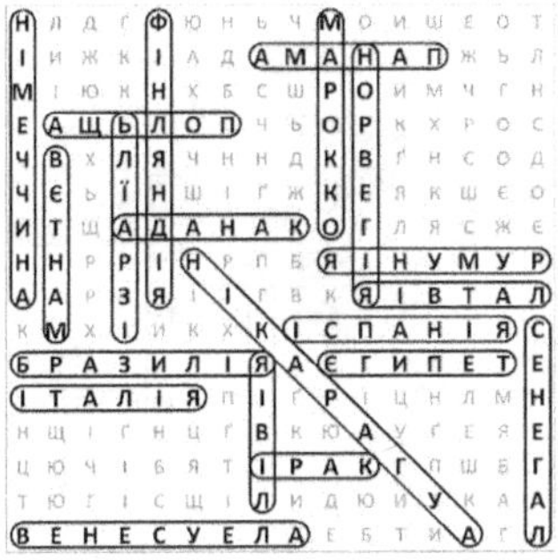

82 - Immigration

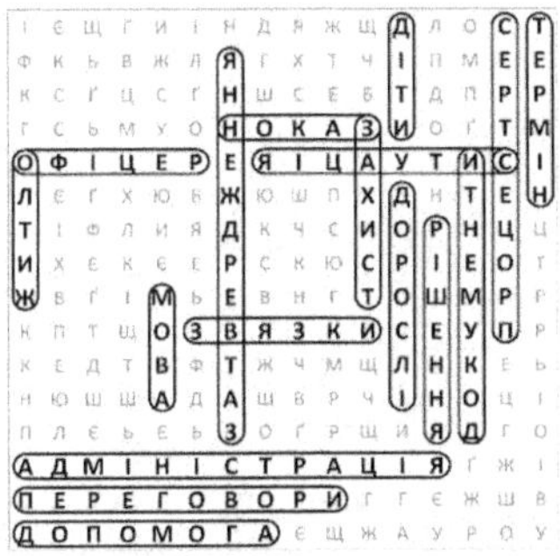

83 - Adjectives #1

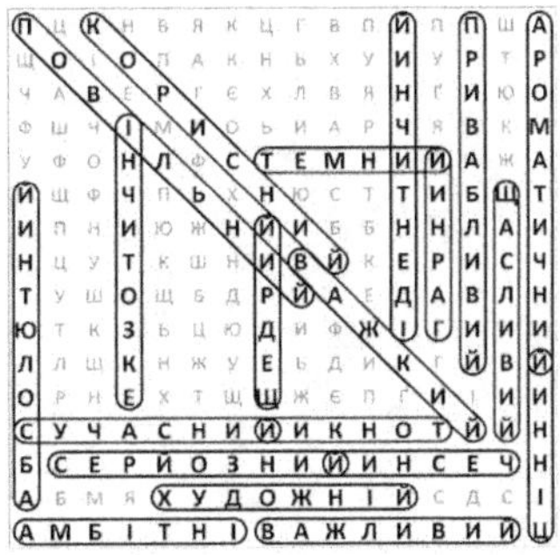

84 - Global Warming

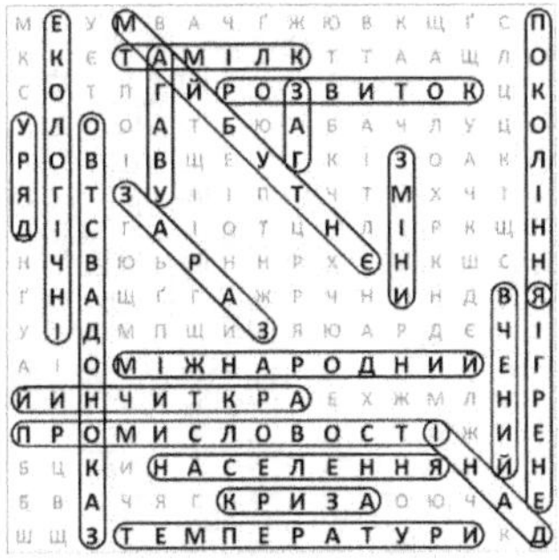

85 - Landscapes

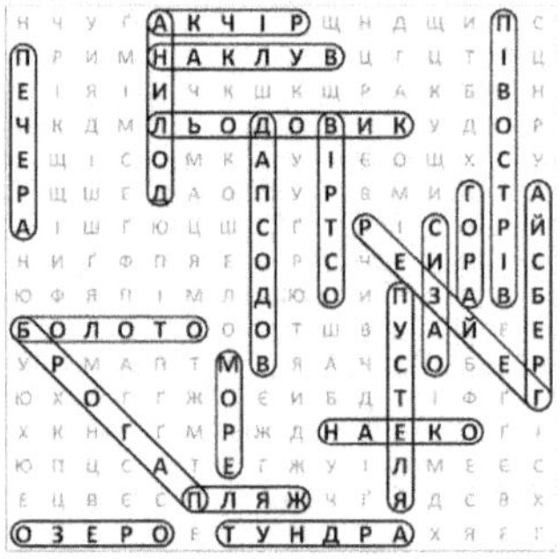

86 - Plants

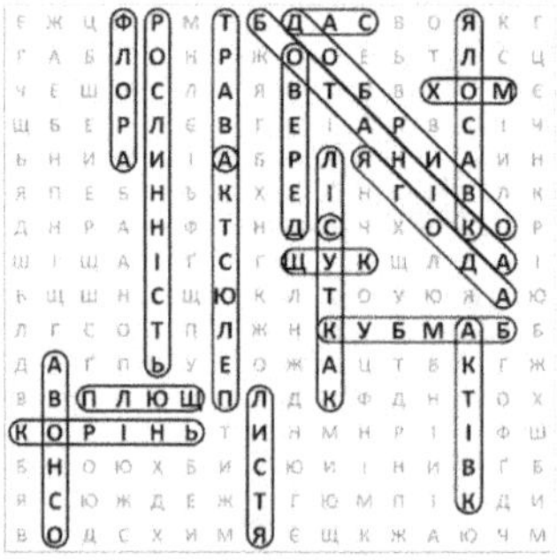

87 - Countries #2

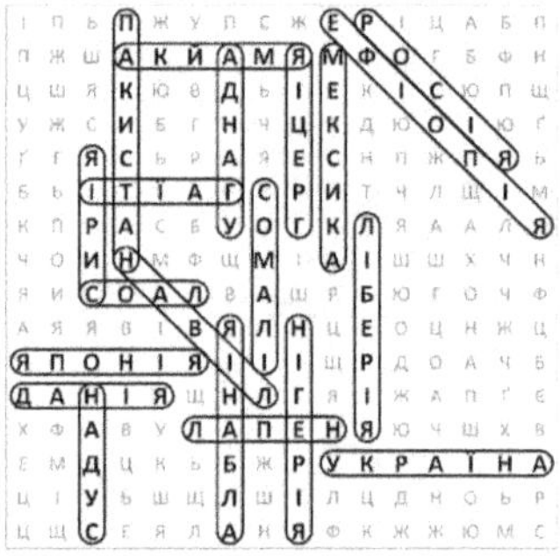

88 - Adjectives #2

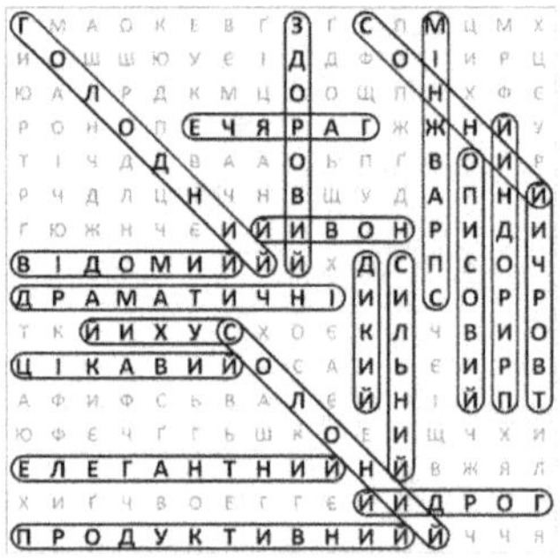

89 - Psychology

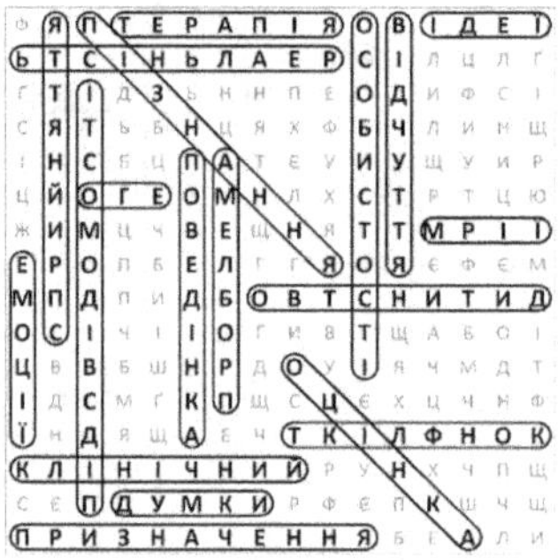

90 - Math

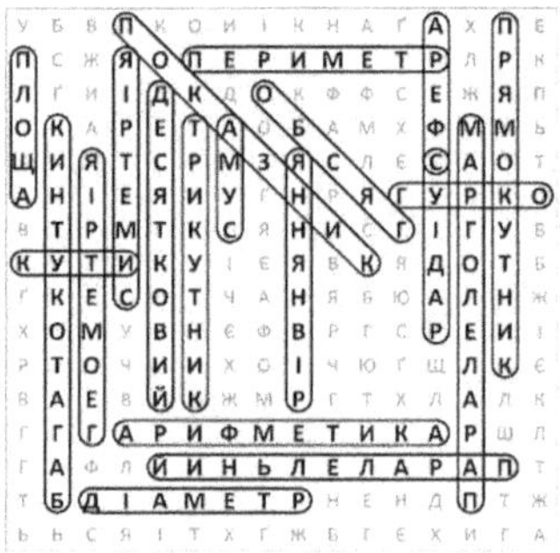

91 - Water

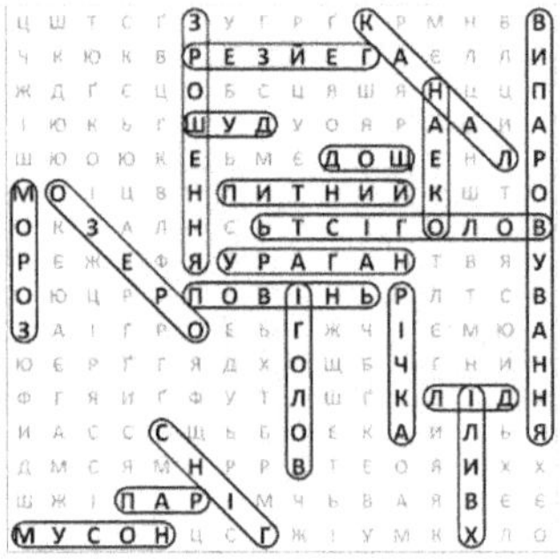

92 - Activities

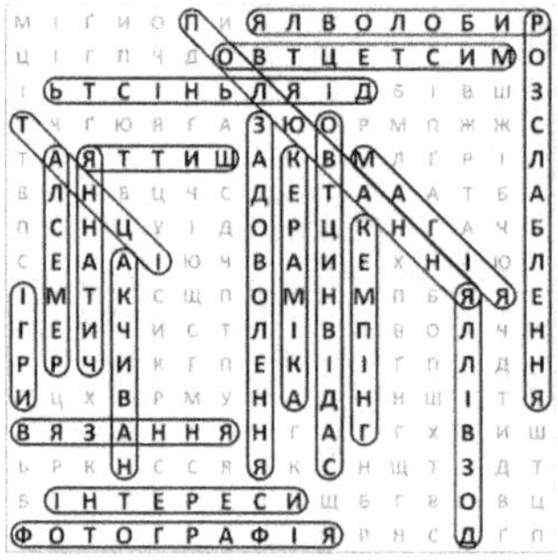

93 - Business

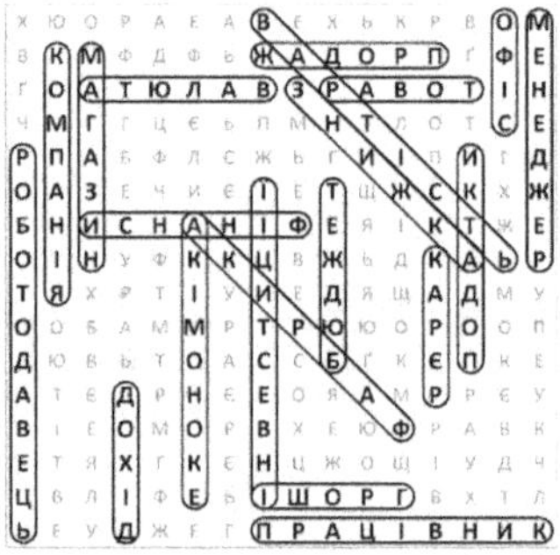

94 - The Company

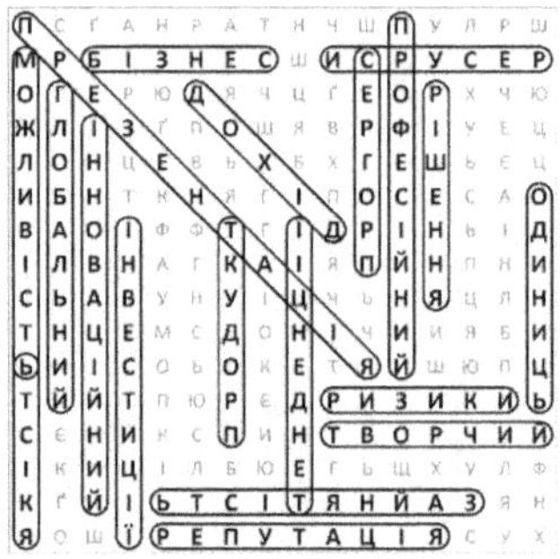

95 - Literature

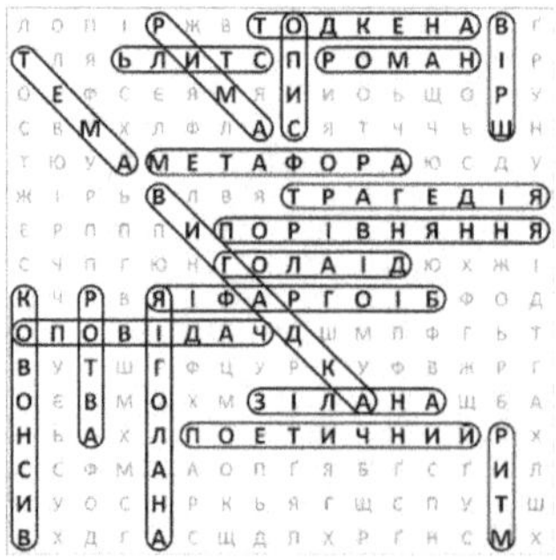

96 - Geography

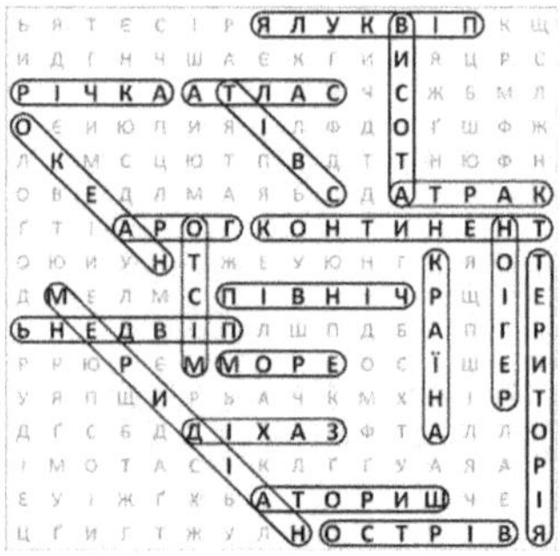

97 - Jazz

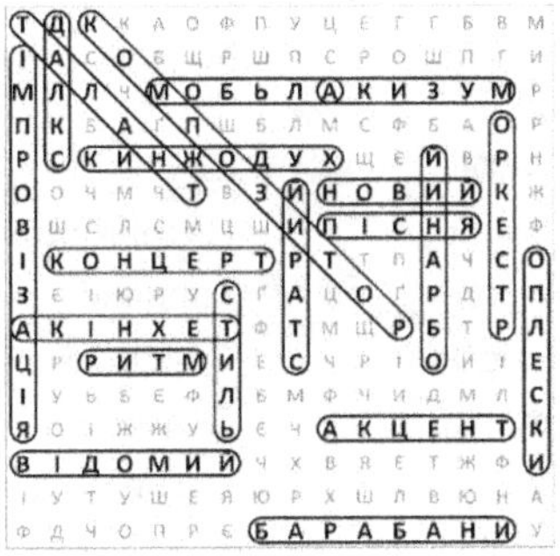

98 - Nature

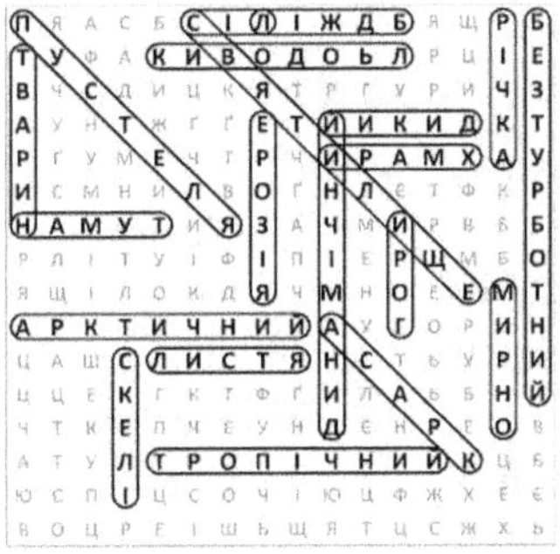

99 - Vacation #2

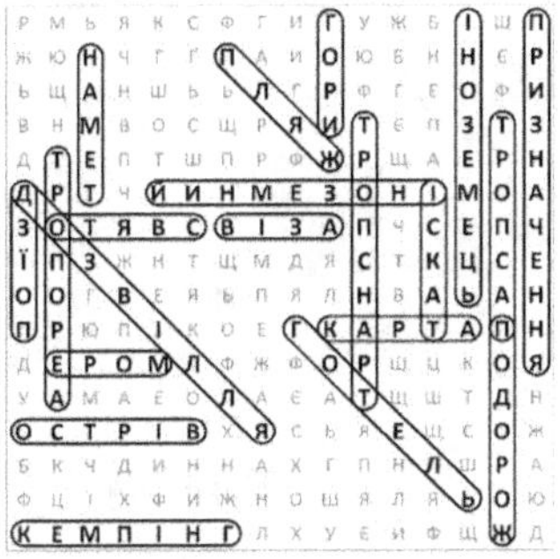

100 - Electricity

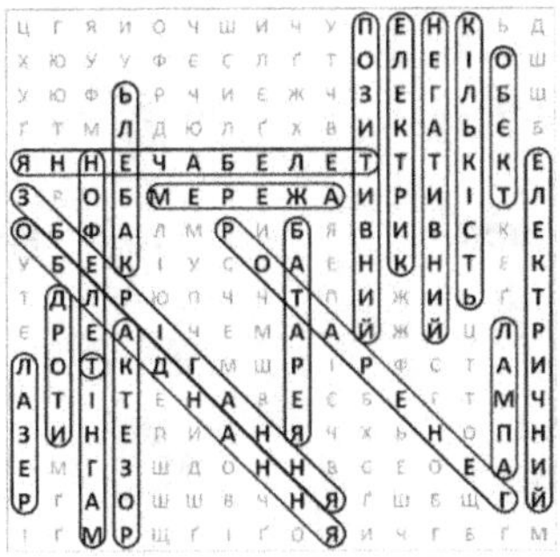

Dictionary

Activities
Види Діяльності

Activity	Діяльність
Art	Мистецтво
Camping	Кемпінг
Ceramics	Кераміка
Crafts	Ремесла
Dancing	Танці
Fishing	Риболовля
Games	Ігри
Gardening	Садівництво
Hunting	Полювання
Interests	Інтереси
Knitting	В'Язання
Leisure	Дозвілля
Magic	Магія
Photography	Фотографія
Pleasure	Задоволення
Reading	Читання
Relaxation	Розслаблення
Sewing	Шиття
Skill	Навичка

Adjectives #1
Прикметники #1

Absolute	Абсолютний
Ambitious	Амбітні
Aromatic	Ароматичний
Artistic	Художній
Attractive	Привабливий
Beautiful	Гарний
Dark	Темний
Exotic	Екзотичні
Generous	Щедрий
Happy	Щасливий
Heavy	Важкий
Helpful	Корисний
Honest	Чесний
Identical	Ідентичний
Important	Важливий
Modern	Сучасний
Serious	Серйозний
Slow	Повільний
Thin	Тонкий
Valuable	Цінний

Adjectives #2
Прикметники #2

Authentic	Справжнім
Creative	Творчий
Descriptive	Описовий
Dramatic	Драматичні
Dry	Сухий
Elegant	Елегантний
Famous	Відомий
Gifted	Обдарований
Healthy	Здоровий
Hot	Гаряче
Hungry	Голодний
Interesting	Цікавий
Natural	Природний
New	Новий
Productive	Продуктивний
Proud	Гордий
Salty	Солоний
Sleepy	Сонний
Strong	Сильний
Wild	Дикий

Adventure
Пригоди

Activity	Діяльність
Beauty	Краса
Bravery	Хоробрість
Challenges	Проблеми
Chance	Шанс
Dangerous	Небезпечний
Destination	Призначення
Difficulty	Трудність
Enthusiasm	Ентузіазм
Excursion	Екскурсія
Friends	Друзі
Itinerary	Маршрут
Joy	Радість
Nature	Природа
Navigation	Навігація
New	Новий
Opportunity	Можливість
Preparation	Підготовка
Safety	Безпека
Unusual	Незвичайні

Agronomy
Агрономія

Diseases	Хвороба
Ecology	Екологія
Energy	Енергія
Environment	Середовище
Erosion	Ерозія
Farming	Господарство
Fertilizer	Добриво
Food	Їжа
Growth	Зростання
Organic	Органічний
Plants	Рослини
Pollution	Забруднення
Production	Виробництво
Rural	Сільський
Science	Наука
Seeds	Насіння
Study	Дослідження
Systems	Системи
Vegetables	Овочі
Water	Вода

Airplanes
Літаки

Adventure	Пригода
Air	Повітря
Atmosphere	Атмосфера
Construction	Будівництво
Crew	Екіпаж
Descent	Спуск
Design	Дизайн
Direction	Напрям
Engine	Двигун
Fuel	Паливо
Height	Висота
History	Історія
Hydrogen	Водень
Inflate	Надути
Landing	Посадка
Launch	Запуск
Passenger	Пасажир
Pilot	Пілот
Propellers	Гвинти
Sky	Небо

Algebra
Алгебра

Diagram	Діаграма
Equation	Рівняння
Exponent	Показник
Factor	Фактор
False	Помилковий
Formula	Формула
Graph	Графік
Infinite	Нескінченний
Linear	Лінійний
Matrix	Матриця
Number	Число
Parenthesis	Дужки
Problem	Проблема
Quantity	Кількість
Simplify	Спростити
Solution	Рішення
Solve	Вирішити
Subtraction	Віднімання
Variable	Змінна
Zero	Нуль

Antarctica
Антарктида

Bay	Бухта
Birds	Птах
Clouds	Хмари
Conservation	Збереження
Continent	Континент
Environment	Середовище
Expedition	Експедиція
Geography	Географія
Glaciers	Льодовиків
Ice	Лід
Islands	Острів
Migration	Міграція
Minerals	Мінерали
Peninsula	Півострів
Researcher	Дослідник
Rocky	Скелястий
Scientific	Науковий
Temperature	Температура
Topography	Топографія
Water	Вода

Antiques
Антикваріат

Art	Мистецтво
Auction	Аукціон
Authentic	Справжнім
Century	Століття
Coins	Монети
Collector	Колектор
Decades	Десятиліття
Decorative	Декоративні
Elegant	Елегантний
Furniture	Меблі
Gallery	Галерея
Investment	Інвестиції
Old	Старий
Price	Ціна
Quality	Якість
Restoration	Реставрація
Sculpture	Скульптура
Style	Стиль
Unusual	Незвичайні
Value	Цінність

Archeology
Археологія

Analysis	Аналіз
Bones	Кістки
Civilization	Цивілізація
Descendant	Нащадка
Era	Ера
Evaluation	Оцінка
Expert	Експерт
Findings	Висновки
Forgotten	Забутий
Fossil	Викопний
Fragments	Фрагменти
Mystery	Таємниця
Objects	Об'Єкт
Professor	Професор
Relic	Реліквія
Researcher	Дослідник
Team	Команда
Temple	Храм
Tomb	Могила
Unknown	Невідомий

Art Supplies
Художні Товари

Acrylic	Акриловий
Brushes	Щітка
Camera	Камера
Chair	Крісло
Clay	Глина
Colors	Кольори
Creativity	Творчість
Easel	Мольберт
Eraser	Гумка
Glue	Клей
Ideas	Ідеї
Ink	Чорнило
Oil	Олія
Paints	Фарби
Paper	Папір
Pastels	Пастелі
Pencils	Олівці
Table	Таблиця
Water	Вода
Watercolors	Акварелі

Astronomy
Астрономія

Asteroid	Астероїд
Astronaut	Астронавт
Astronomer	Астроном
Constellation	Сузір'Я
Cosmos	Космос
Earth	Земля
Eclipse	Затемнення
Equinox	Рівнодення
Galaxy	Галактика
Meteor	Метеор
Moon	Місяць
Nebula	Туманність
Observatory	Обсерваторія
Planet	Планета
Radiation	Радіація
Rocket	Ракета
Satellite	Супутник
Sky	Небо
Supernova	Наднова
Zodiac	Зодіак

Ballet
Балет

Applause	Оплески
Artistic	Художній
Audience	Аудиторія
Ballerina	Балерина
Choreography	Хореографія
Composer	Композитор
Dancers	Танцюристів
Expressive	Виразний
Gesture	Жест
Graceful	Витончений
Intensity	Інтенсивність
Lessons	Уроки
Muscles	М'Язи
Music	Музика
Orchestra	Оркестр
Practice	Практика
Rhythm	Ритм
Skill	Навичка
Style	Стиль
Technique	Техніка

Barbecues
Барбекю

Chicken	Курка
Children	Діти
Dinner	Вечеря
Family	Родина
Food	Їжа
Forks	Вилки
Friends	Друзі
Fruit	Фрукт
Games	Ігри
Grill	Гриль
Hot	Гаряче
Hunger	Голод
Knives	Ножі
Music	Музика
Salads	Салати
Salt	Сіль
Sauce	Соус
Summer	Літо
Tomatoes	Помідори
Vegetables	Овочі

Beauty
Краса

Charm	Шарм
Color	Колір
Cosmetics	Косметика
Curls	Кучер
Elegance	Елегантність
Elegant	Елегантний
Fragrance	Аромат
Grace	Благодать
Lipstick	Помада
Makeup	Макіяж
Mascara	Туш
Mirror	Дзеркало
Oils	Масла
Photogenic	Фотогенічний
Products	Продукти
Scissors	Ножиці
Services	Послуги
Shampoo	Шампунь
Skin	Шкіра
Stylist	Стиліст

Bees
Бджола

Beneficial	Вигідний
Blossom	Цвіт
Ecosystem	Екосистема
Flowers	Квіти
Food	Їжа
Fruit	Фрукт
Garden	Сад
Hive	Вулик
Honey	Мед
Insect	Комаха
Plants	Рослини
Pollen	Пилок
Pollinator	Запильник
Queen	Королева
Smoke	Дим
Sun	Сонце
Swarm	Рій
Wax	Віск
Wings	Крила

Biology
Біології

Anatomy	Анатомія
Bacteria	Бактерії
Cell	Комірка
Chromosome	Хромосома
Collagen	Колаген
Embryo	Ембріон
Enzyme	Фермент
Evolution	Еволюція
Hormone	Гормон
Mammal	Ссавець
Mutation	Мутація
Natural	Природний
Nerve	Нерв
Neuron	Нейрон
Osmosis	Осмос
Photosynthesis	Фотосинтез
Protein	Білок
Reptile	Рептилія
Symbiosis	Симбіоз
Synapse	Синапс

Birds
Птахи

Canary	Канарка
Chicken	Курка
Crow	Ворона
Cuckoo	Зозуля
Duck	Качка
Eagle	Орел
Egg	Яйце
Flamingo	Фламінго
Goose	Гуска
Gull	Чайка
Heron	Чапля
Ostrich	Страус
Parrot	Папуга
Peacock	Павич
Pelican	Пелікан
Penguin	Пінгвін
Sparrow	Горобець
Stork	Лелека
Swan	Лебідка
Toucan	Тукан

Boats
Катери

Anchor	Якір
Buoy	Буй
Canoe	Каное
Crew	Екіпаж
Dock	Док
Engine	Двигун
Ferry	Пором
Kayak	Каяк
Lake	Озеро
Mast	Щогла
Nautical	Морські
Ocean	Океан
Raft	Пліт
River	Річка
Rope	Мотузка
Sailboat	Вітрильник
Sailor	Моряк
Sea	Море
Tide	Приплив
Yacht	Яхта

Books
Книги

Adventure	Пригода
Author	Автор
Collection	Колекція
Context	Контекст
Duality	Подвійність
Epic	Епопеї
Historical	Історичний
Humorous	Гумористичний
Literary	Літературний
Narrator	Оповідач
Novel	Роман
Page	Сторінка
Poem	Вірш
Poetry	Поезія
Reader	Читач
Relevant	Відповідні
Series	Серія
Story	Історія
Tragic	Трагічний
Written	Написана

Buildings
Будинки

Apartment	Квартира
Barn	Сарай
Cabin	Кабіна
Castle	Замок
Cinema	Кіно
Embassy	Посольство
Factory	Фабрика
Hospital	Лікарня
Hostel	Гуртожиток
Hotel	Готель
Laboratory	Лабораторія
Museum	Музей
Observatory	Обсерваторія
School	Школа
Stadium	Стадіон
Supermarket	Супермаркет
Tent	Намет
Theater	Театр
Tower	Вежа
University	Університет

Business
Бізнес

Budget	Бюджет
Career	Кар'Єр
Company	Компанія
Cost	Вартість
Currency	Валюта
Discount	Знижка
Economics	Економіка
Employee	Працівник
Employer	Роботодавець
Factory	Фабрика
Finance	Фінанси
Income	Дохід
Investment	Інвестиції
Manager	Менеджер
Merchandise	Товар
Money	Гроші
Office	Офіс
Sale	Продаж
Shop	Магазин
Taxes	Податки

Camping
Кемпінг

Adventure	Пригода
Animals	Тварин
Cabin	Кабіна
Canoe	Каное
Compass	Компас
Fire	Вогонь
Forest	Ліс
Fun	Веселощі
Hammock	Гамак
Hat	Капелюх
Hunting	Полювання
Insect	Комаха
Lake	Озеро
Map	Карта
Moon	Місяць
Mountain	Гора
Nature	Природа
Rope	Мотузка
Tent	Намет
Trees	Дерева

Chemistry
Хімія

Acid	Кислота
Alkaline	Лужний
Atomic	Атомний
Carbon	Вуглець
Catalyst	Каталізатор
Chlorine	Хлор
Electron	Електрон
Enzyme	Фермент
Gas	Газ
Heat	Тепло
Hydrogen	Водень
Ion	Іон
Liquid	Рідина
Molecule	Молекула
Nuclear	Ядерний
Organic	Органічний
Oxygen	Кисень
Salt	Сіль
Temperature	Температура
Weight	Вага

Chocolate
Шоколад

Antioxidant	Антиоксидант
Bitter	Гіркий
Cacao	Какао
Calories	Калорій
Candy	Цукерки
Caramel	Карамель
Coconut	Кокос
Delicious	Смачний
Exotic	Екзотичні
Favorite	Улюблений
Flavor	Аромат
Ingredient	Інгредієнт
Peanuts	Арахіс
Powder	Порошок
Quality	Якість
Recipe	Рецепт
Sugar	Цукор
Sweet	Солодкий
Taste	Смак

Clothes
Одяг

Apron	Фартух
Belt	Пояс
Blouse	Блузка
Bracelet	Браслет
Coat	Пальто
Dress	Плаття
Fashion	Мода
Gloves	Рукавички
Hat	Капелюх
Jacket	Куртка
Jeans	Джинси
Necklace	Намисто
Pajamas	Піжама
Pants	Штани
Sandals	Сандалі
Scarf	Шарф
Shirt	Сорочка
Shoe	Взуття
Skirt	Спідниця
Sweater	Светр

Countries #1
Країни #1

Brazil	Бразилія
Canada	Канада
Egypt	Єгипет
Finland	Фінляндія
Germany	Німеччина
Iraq	Ірак
Israel	Ізраїль
Italy	Італія
Latvia	Латвія
Libya	Лівія
Morocco	Марокко
Nicaragua	Нікарагуа
Norway	Норвегія
Panama	Панама
Poland	Польща
Romania	Румунія
Senegal	Сенегал
Spain	Іспанія
Venezuela	Венесуела
Vietnam	В'Єтнам

Countries #2
Країни #2

Albania	Албанія
Denmark	Данія
Ethiopia	Ефіопія
Greece	Греція
Haiti	Гаїті
Jamaica	Ямайка
Japan	Японія
Laos	Лаос
Lebanon	Ліван
Liberia	Ліберія
Mexico	Мексика
Nepal	Непал
Nigeria	Нігерія
Pakistan	Пакистан
Russia	Росія
Somalia	Сомалі
Sudan	Судан
Syria	Сирія
Uganda	Уганда
Ukraine	Україна

Creativity
Творчість

Artistic	Художній
Authenticity	Автентичність
Clarity	Ясність
Dramatic	Драматичні
Emotions	Емоції
Expression	Вираз
Feelings	Почуття
Fluidity	Плинність
Ideas	Ідеї
Image	Зображення
Imagination	Уява
Impression	Враження
Inspiration	Натхнення
Intensity	Інтенсивність
Intuition	Інтуїція
Sensation	Відчуття
Skill	Навичка
Spontaneous	Спонтанний
Visions	Бачення

Dance
Танець

Academy	Академія
Art	Мистецтво
Body	Тіло
Choreography	Хореографія
Classical	Класичний
Cultural	Культурний
Culture	Культура
Emotion	Емоція
Expressive	Виразний
Grace	Благодать
Joyful	Радісний
Movement	Рух
Music	Музика
Partner	Партнер
Posture	Постава
Rehearsal	Репетиція
Rhythm	Ритм
Traditional	Традиційний
Visual	Візуальний

Days and Months
Дні та Місяці

April	Квітень
August	Серпень
Calendar	Календар
February	Лютий
Friday	П'Ятниця
January	Січень
July	Липень
March	Березень
Monday	Понеділок
Month	Місяць
November	Листопад
October	Жовтень
Saturday	Субота
September	Вересень
Sunday	Неділя
Thursday	Четвер
Tuesday	Вівторок
Wednesday	Середа
Week	Тиждень
Year	Рік

Diplomacy
Дипломатія

Adviser	Радник
Ambassador	Посол
Citizens	Громадяни
Community	Громада
Conflict	Конфлікт
Cooperation	Співпраця
Diplomatic	Дипломатичний
Discussion	Обговорення
Embassy	Посольство
Ethics	Етика
Foreign	Іноземний
Government	Уряд
Humanitarian	Гуманітарний
Integrity	Цілісність
Languages	Мови
Politics	Політика
Resolution	Резолюція
Security	Безпека
Solution	Рішення
Treaty	Договір

Disease
Захворювання

Abdominal	Черевної
Allergies	Алергія
Bacterial	Бактеріальний
Body	Тіло
Bones	Кістки
Chronic	Хронічний
Contagious	Заразний
Genetic	Генетичні
Health	Здоров'Я
Heart	Серце
Hereditary	Спадковий
Immunity	Імунітет
Inflammation	Запалення
Lumbar	Поперекового
Neuropathy	Нейропатія
Pulmonary	Легеневий
Respiratory	Дихальний
Syndrome	Синдром
Therapy	Терапія
Weak	Слабкий

Driving
Водіння

Accident	Аварія
Brakes	Гальма
Car	Автомобіль
Danger	Небезпека
Driver	Водій
Fuel	Паливо
Garage	Гараж
Gas	Газ
License	Ліцензія
Map	Карта
Motor	Мотор
Motorcycle	Мотоцикл
Pedestrian	Пішохід
Police	Поліція
Road	Дорога
Safety	Безпека
Speed	Швидкість
Traffic	Трафік
Truck	Вантажівка
Tunnel	Тунель

Electricity
Електрика

Battery	Батарея
Cable	Кабель
Electric	Електричний
Electrician	Електрик
Equipment	Обладнання
Generator	Генератор
Lamp	Лампа
Laser	Лазер
Magnet	Магніт
Negative	Негативний
Network	Мережа
Objects	Об'Єкт
Positive	Позитивний
Quantity	Кількість
Socket	Розетка
Storage	Зберігання
Telephone	Телефон
Television	Телебачення
Wires	Дроти

Energy
Енергія

Battery	Батарея
Carbon	Вуглець
Diesel	Дизель
Electric	Електричний
Electron	Електрон
Engine	Двигун
Entropy	Ентропія
Environment	Середовище
Fuel	Паливо
Gasoline	Бензин
Heat	Тепло
Hydrogen	Водень
Industry	Промисловості
Motor	Мотор
Nuclear	Ядерний
Photon	Фотон
Pollution	Забруднення
Renewable	Поновлюваних
Turbine	Турбіна
Wind	Вітер

Engineering
Інженерія

Angle	Кут
Axis	Вісь
Calculation	Розрахунок
Construction	Будівництво
Depth	Глибина
Diagram	Діаграма
Diameter	Діаметр
Diesel	Дизель
Distribution	Розподіл
Energy	Енергія
Engine	Двигун
Gears	Шестерня
Levers	Важелі
Liquid	Рідина
Machine	Машина
Measurement	Вимірювання
Motor	Мотор
Propulsion	Рушій
Stability	Стабільність
Structure	Структура

Family
Сімейний

Ancestor	Предок
Aunt	Тітка
Brother	Брат
Child	Дитина
Childhood	Дитинство
Children	Діти
Cousin	Кузен
Daughter	Дочка
Father	Батько
Grandchild	Онук
Grandfather	Дід
Husband	Чоловік
Maternal	Материнський
Mother	Мати
Nephew	Племінник
Niece	Племінниця
Paternal	Батьківський
Sister	Сестра
Uncle	Дядько
Wife	Дружина

Farm #1
Ферма #1

Bee	Бджола
Bison	Зубр
Calf	Теля
Cat	Кішка
Chicken	Курка
Cow	Корова
Crow	Ворона
Dog	Пес
Donkey	Осел
Fence	Паркан
Fertilizer	Добриво
Field	Поле
Flock	Зграя
Goat	Коза
Hay	Сіно
Honey	Мед
Horse	Кінь
Rice	Рис
Seeds	Насіння
Water	Вода

Farm #2
Ферма #2

Animals	Тварин
Barley	Ячмінь
Barn	Сарай
Corn	Кукурудза
Duck	Качка
Farmer	Фермер
Food	Їжа
Fruit	Фрукт
Irrigation	Зрошення
Lamb	Ягня
Llama	Лама
Meadow	Луг
Milk	Молоко
Orchard	Фруктовий Сад
Sheep	Вівця
Shepherd	Пастух
Tractor	Трактор
Vegetable	Овоч
Wheat	Пшениця
Windmill	Вітряк

Fashion
Мода

Boutique	Бутик
Buttons	Кнопки
Clothing	Одяг
Comfortable	Комфортно
Elegant	Елегантний
Embroidery	Вишивка
Expensive	Дорого
Fabric	Тканина
Lace	Мереживо
Measurements	Вимірювання
Modern	Сучасний
Modest	Скромний
Original	Оригінал
Pattern	Візерунок
Practical	Практичний
Simple	Простий
Style	Стиль
Texture	Текстура
Trend	Тенденція

Fishing
Риболовля

Bait	Принада
Basket	Кошик
Beach	Пляж
Boat	Човен
Cook	Кухар
Equipment	Обладнання
Exaggeration	Перебільшення
Gills	Зябра
Hook	Гак
Jaw	Щелепа
Lake	Озеро
Ocean	Океан
Patience	Терпіння
River	Річка
Scales	Ваги
Season	Сезон
Water	Вода
Weight	Вага
Wire	Дріт

Flowers
Квіти

Bouquet	Букет
Calendula	Календула
Clover	Конюшина
Daisy	Ромашка
Dandelion	Кульбаба
Gardenia	Гарденія
Hibiscus	Гібіскус
Jasmine	Жасмин
Lavender	Лаванда
Lilac	Бузок
Lily	Лілія
Magnolia	Магнолія
Orchid	Орхідея
Peony	Півонія
Petal	Пелюстка
Plumeria	Плюмерія
Poppy	Мак
Rose	Троянда
Sunflower	Соняшник
Tulip	Тюльпан

Food #1
Харчування #1

Apricot	Абрикос
Barley	Ячмінь
Basil	Василь
Carrot	Морква
Cinnamon	Кориця
Garlic	Часник
Juice	Сік
Lemon	Лимон
Milk	Молоко
Onion	Цибуля
Peanut	Арахіс
Pear	Груша
Salad	Салат
Salt	Сіль
Soup	Суп
Spinach	Шпинат
Strawberry	Полуниця
Sugar	Цукор
Tuna	Тунець
Turnip	Ріпа

Food #2
Харчування #2

Apple	Яблуко
Artichoke	Артишок
Banana	Банан
Broccoli	Броколі
Celery	Селера
Cheese	Сир
Cherry	Вишня
Chicken	Курка
Chocolate	Шоколад
Egg	Яйце
Eggplant	Баклажан
Fish	Риба
Grape	Виноград
Ham	Шинка
Kiwi	Ківі
Mushroom	Гриб
Rice	Рис
Tomato	Помідор
Wheat	Пшениця
Yogurt	Йогурт

Force and Gravity
Сила і Гравітація

Axis	Вісь
Center	Центр
Discovery	Відкриття
Distance	Відстань
Dynamic	Динамічний
Expansion	Розширення
Friction	Тертя
Impact	Вплив
Magnetism	Магнетизм
Magnitude	Величина
Mechanics	Механіка
Momentum	Імпульс
Orbit	Орбіта
Physics	Фізика
Pressure	Тиск
Properties	Властивості
Speed	Швидкість
Time	Час
Universal	Універсальний
Weight	Вага

Fruit
Фрукти

Apple	Яблуко
Apricot	Абрикос
Avocado	Авокадо
Banana	Банан
Berry	Ягода
Cherry	Вишня
Coconut	Кокос
Fig	Фіг
Grape	Виноград
Guava	Гуава
Kiwi	Ківі
Lemon	Лимон
Mango	Манго
Melon	Диня
Nectarine	Нектарин
Papaya	Папайя
Peach	Персик
Pear	Груша
Pineapple	Ананас
Raspberry	Малина

Garden
Сад

Bench	Лава
Bush	Кущ
Fence	Паркан
Flower	Квітка
Garage	Гараж
Garden	Сад
Grass	Трава
Hammock	Гамак
Hose	Шланг
Lawn	Газон
Orchard	Фруктовий Сад
Pond	Ставок
Porch	Ганок
Rake	Граблі
Shovel	Лопата
Terrace	Тераса
Trampoline	Батут
Tree	Дерево
Vine	Лоза
Weeds	Бур'Янів

Gardening
Садівництво

Blossom	Цвіт
Botanical	Ботанічний
Bouquet	Букет
Climate	Клімат
Compost	Компост
Container	Контейнер
Dirt	Бруд
Edible	Їстівний
Exotic	Екзотичні
Floral	Квіткові
Foliage	Листя
Hose	Шланг
Leaf	Лист
Moisture	Вологі
Orchard	Фруктовий Сад
Seasonal	Сезонний
Seeds	Насіння
Soil	Ґрунт
Species	Вид
Water	Вода

Geography
Географія

Atlas	Атлас
City	Місто
Continent	Континент
Country	Країна
Elevation	Висота
Hemisphere	Півкуля
Island	Острів
Latitude	Широта
Map	Карта
Meridian	Меридіан
Mountain	Гора
North	Північ
Ocean	Океан
Region	Регіон
River	Річка
Sea	Море
South	Південь
Territory	Територія
West	Захід
World	Світ

Geology
Геологія

Acid	Кислота
Calcium	Кальцій
Cavern	Печера
Continent	Континент
Coral	Кораловий
Crystals	Кристали
Cycles	Циклів
Earthquake	Землетрус
Erosion	Ерозія
Fossil	Викопний
Geyser	Гейзер
Lava	Лава
Layer	Шар
Minerals	Мінерали
Plateau	Плато
Quartz	Кварц
Salt	Сіль
Stalactite	Сталактит
Stone	Камінь
Volcano	Вулкан

Geometry
Геометрія

Angle	Кут
Calculation	Розрахунок
Circle	Коло
Curve	Крива
Diameter	Діаметр
Dimension	Вимір
Equation	Рівняння
Height	Висота
Logic	Логіка
Mass	Маса
Median	Медіана
Number	Число
Parallel	Паралельний
Proportion	Пропорція
Segment	Сегмент
Surface	Поверхня
Symmetry	Симетрія
Theory	Теорія
Triangle	Трикутник
Vertical	Вертикальні

Global Warming
Глобальне Потепління

Arctic	Арктичний
Attention	Увага
Changes	Зміни
Climate	Клімат
Crisis	Криза
Data	Дані
Development	Розвиток
Energy	Енергія
Environmental	Екологічні
Future	Майбутнє
Gas	Газ
Generations	Покоління
Government	Уряд
Industry	Промисловості
International	Міжнародний
Legislation	Законодавство
Now	Зараз
Populations	Населення
Scientist	Вчений
Temperatures	Температури

Government
Уряду

Citizenship	Громадянство
Civil	Цивільний
Constitution	Конституція
Democracy	Демократія
Discussion	Обговорення
District	Район
Equality	Рівність
Independence	Незалежність
Judicial	Судової
Law	Закон
Leader	Лідер
Liberty	Свобода
Monument	Пам'Ятник
Nation	Нація
National	Національний
Peaceful	Мирно
Politics	Політика
Speech	Мовлення
State	Стан
Symbol	Символ

Hair Types
Типи Волосся

Bald	Лисий
Black	Чорний
Blond	Блондин
Braided	Плетений
Braids	Коси
Brown	Коричневий
Curls	Кучер
Curly	Кучерявий
Dry	Сухий
Gray	Сірий
Healthy	Здоровий
Long	Довгий
Shiny	Блискучий
Short	Короткий
Silver	Срібло
Soft	М'Який
Thick	Товстий
Thin	Тонкий
Wavy	Хвилястий
White	Білий

Health and Wellness #1
Оздоровчий та Оздоровчий

Active	Активний
Bacteria	Бактерії
Bones	Кістки
Clinic	Клініка
Doctor	Лікар
Fracture	Перелом
Habit	Звичка
Height	Висота
Hormones	Гормони
Hunger	Голод
Medicine	Медицина
Muscles	М'Язи
Nerves	Нерви
Pharmacy	Аптека
Reflex	Рефлекс
Relaxation	Розслаблення
Skin	Шкіра
Therapy	Терапія
Treatment	Лікування
Virus	Вірус

Health and Wellness #2
Оздоровчий та Оздоровчий

Allergy	Алергія
Anatomy	Анатомія
Appetite	Апетит
Blood	Кров
Calorie	Калорія
Dehydration	Зневоднення
Diet	Дієта
Disease	Хвороба
Energy	Енергія
Genetics	Генетика
Healthy	Здоровий
Hospital	Лікарня
Hygiene	Гігієна
Infection	Інфекція
Massage	Масаж
Nutrition	Харчування
Recovery	Відновлення
Stress	Стрес
Vitamin	Вітамін
Weight	Вага

Herbalism
Травотравизм

Aromatic	Ароматичний
Basil	Василь
Beneficial	Вигідний
Culinary	Кулінарні
Fennel	Фенхель
Flavor	Аромат
Flower	Квітка
Garden	Сад
Garlic	Часник
Green	Зелений
Ingredient	Інгредієнт
Lavender	Лаванда
Marjoram	Майоран
Mint	М'Ята
Oregano	Орегано
Parsley	Петрушка
Plant	Рослина
Rosemary	Розмарин
Saffron	Шафран
Tarragon	Естрагон

Hiking
Походи

Animals	Тварин
Boots	Чоботи
Camping	Кемпінг
Climate	Клімат
Hazards	Небезпеки
Heavy	Важкий
Map	Карта
Mountain	Гора
Nature	Природа
Orientation	Орієнтація
Parks	Парки
Preparation	Підготовка
Stones	Камені
Summit	Саміт
Sun	Сонце
Tired	Втомився
Water	Вода
Weather	Погода
Wild	Дикий

House
Будинок

Attic	Горище
Broom	Мітла
Curtains	Штори
Door	Двері
Fence	Паркан
Fireplace	Камін
Floor	Поверх
Furniture	Меблі
Garage	Гараж
Garden	Сад
Keys	Ключі
Kitchen	Кухня
Lamp	Лампа
Library	Бібліотека
Mirror	Дзеркало
Roof	Дах
Room	Кімната
Shower	Душ
Wall	Стіна
Window	Вікно

Human Body
Людське Тіло

Ankle	Щиколотки
Blood	Кров
Bones	Кістки
Brain	Мозок
Chin	Підборіддя
Ear	Вухо
Elbow	Лікоть
Face	Обличчя
Finger	Палець
Hand	Рука
Head	Голова
Heart	Серце
Jaw	Щелепа
Knee	Коліна
Leg	Нога
Mouth	Рот
Neck	Шия
Nose	Ніс
Shoulder	Плече
Skin	Шкіра

Immigration
Імміграції

Administration	Адміністрація
Adults	Дорослі
Aid	Допомога
Approval	Затвердження
Children	Діти
Communication	Зв'Язки
Deadline	Термін
Documents	Документи
Funding	Фінансування
Housing	Житло
Language	Мова
Law	Закон
Negotiation	Переговори
Officer	Офіцер
Process	Процес
Protection	Захист
Situation	Ситуація
Solution	Рішення
Stress	Стрес

Insects
Комахи

Ant	Мураха
Aphid	Попелиця
Bee	Бджола
Beetle	Жук
Butterfly	Метелик
Cicada	Цикада
Cockroach	Тарган
Dragonfly	Бабка
Flea	Блоха
Gnat	Гнат
Grasshopper	Коник
Hornet	Шершень
Ladybug	Сонечко
Larva	Личинка
Locust	Сарана
Mantis	Богомол
Mosquito	Комар
Termite	Терміт
Wasp	Оса
Worm	Хробак

Jazz
Джаз

Album	Альбом
Applause	Оплески
Artist	Художник
Composer	Композитор
Composition	Склад
Concert	Концерт
Drums	Барабани
Emphasis	Акцент
Famous	Відомий
Favorites	Обраний
Improvisation	Імпровізація
Music	Музика
New	Новий
Old	Старий
Orchestra	Оркестр
Rhythm	Ритм
Song	Пісня
Style	Стиль
Talent	Талант
Technique	Техніка

Kitchen
Кухня

Apron	Фартух
Bowl	Чаша
Chopsticks	Паличками
Cups	Чашки
Food	Їжа
Forks	Вилки
Freezer	Морозильник
Grill	Гриль
Jar	Глек
Jug	Глечик
Kettle	Чайник
Knives	Ножі
Napkin	Серветка
Oven	Піч
Recipe	Рецепт
Refrigerator	Холодильник
Spices	Спеції
Sponge	Губка
Spoons	Ложки

Landscapes
Пейзажі

Beach	Пляж
Cave	Печера
Desert	Пустеля
Geyser	Гейзер
Glacier	Льодовик
Hill	Пагорб
Iceberg	Айсберг
Island	Острів
Lake	Озеро
Mountain	Гора
Oasis	Оазис
Ocean	Океан
Peninsula	Півострів
River	Річка
Sea	Море
Swamp	Болото
Tundra	Тундра
Valley	Долина
Volcano	Вулкан
Waterfall	Водоспад

Literature
Література

Analogy	Аналогія
Analysis	Аналіз
Anecdote	Анекдот
Author	Автор
Biography	Біографія
Comparison	Порівняння
Conclusion	Висновок
Description	Опис
Dialogue	Діалог
Fiction	Вигадка
Metaphor	Метафора
Narrator	Оповідач
Novel	Роман
Poem	Вірш
Poetic	Поетичний
Rhyme	Рима
Rhythm	Ритм
Style	Стиль
Theme	Тема
Tragedy	Трагедія

Mammals
Ссавці

Bear	Ведмідь
Beaver	Бобер
Bull	Бик
Cat	Кішка
Coyote	Койот
Dog	Пес
Dolphin	Дельфін
Elephant	Слон
Fox	Лисиця
Giraffe	Жираф
Gorilla	Горила
Horse	Кінь
Kangaroo	Кенгуру
Lion	Лев
Monkey	Мавпа
Rabbit	Кролик
Sheep	Вівця
Whale	Кит
Wolf	Вовк
Zebra	Зебра

Math
Математика

Angles	Кути
Arithmetic	Арифметика
Circumference	Округ
Decimal	Десятковий
Diameter	Діаметр
Equation	Рівняння
Exponent	Показник
Geometry	Геометрія
Parallel	Паралельний
Parallelogram	Паралелограм
Perimeter	Периметр
Polygon	Багатокутник
Radius	Радіус
Rectangle	Прямокутник
Sphere	Сфера
Square	Площа
Sum	Сума
Symmetry	Симетрія
Triangle	Трикутник
Volume	Обсяг

Measurements
Вимірювання

Byte	Байт
Centimeter	Сантиметр
Decimal	Десятковий
Degree	Ступінь
Depth	Глибина
Gram	Грам
Height	Висота
Inch	Дюйм
Kilogram	Кілограм
Kilometer	Кілометр
Length	Довжина
Liter	Літр
Mass	Маса
Meter	Метр
Minute	Хвилина
Ounce	Унція
Ton	Тонна
Volume	Обсяг
Weight	Вага
Width	Ширина

Meditation
Медитація

Acceptance	Прийняття
Attention	Увага
Awake	Прокинутися
Breathing	Дихання
Calm	Спокійний
Clarity	Ясність
Compassion	Співчуття
Emotions	Емоції
Gratitude	Подяка
Habits	Звички
Kindness	Доброта
Mental	Розумовий
Mind	Розум
Movement	Рух
Music	Музика
Nature	Природа
Peace	Мир
Perspective	Перспектива
Silence	Тиша
Thoughts	Думки

Music
Музика

Album	Альбом
Ballad	Балада
Chorus	Хор
Classical	Класичний
Eclectic	Еклектика
Harmonic	Гармонійних
Harmony	Гармонія
Lyrical	Ліричний
Melody	Мелодія
Microphone	Мікрофон
Musical	Музичний
Musician	Музикант
Opera	Опера
Poetic	Поетичний
Recording	Запис
Rhythm	Ритм
Rhythmic	Ритмічний
Sing	Співати
Singer	Співак
Vocal	Вокальний

Musical Instruments
Музичні Інструменти

Banjo	Банджо
Bassoon	Фагот
Cello	Віолончель
Clarinet	Кларнет
Drum	Барабан
Drumsticks	Гомілки
Flute	Флейта
Gong	Гонг
Guitar	Гітара
Harmonica	Гармоніка
Harp	Арфа
Mandolin	Мандоліна
Oboe	Гобой
Percussion	Удар
Piano	Фортепіано
Saxophone	Саксофон
Tambourine	Бубон
Trombone	Тромбон
Trumpet	Труба
Violin	Скрипка

Mythology
Міфологія

Archetype	Архетип
Behavior	Поведінка
Beliefs	Переконання
Creation	Створення
Creature	Істота
Culture	Культура
Deities	Божества
Disaster	Лихо
Heaven	Небо
Hero	Герой
Immortality	Безсмертя
Jealousy	Ревнощі
Labyrinth	Лабіринт
Legend	Легенда
Lightning	Блискавка
Monster	Монстр
Mortal	Смертний
Revenge	Помста
Thunder	Грім
Warrior	Воїн

Nature
Природа

Animals	Тварин
Arctic	Арктичний
Beauty	Краса
Bees	Бджіл
Cliffs	Скелі
Clouds	Хмари
Desert	Пустеля
Dynamic	Динамічний
Erosion	Ерозія
Fog	Туман
Foliage	Листя
Forest	Ліс
Glacier	Льодовик
Mountains	Гори
Peaceful	Мирно
River	Річка
Sanctuary	Святилище
Serene	Безтурботний
Tropical	Тропічний
Wild	Дикий

Numbers
Числа

Decimal	Десятковий
Eight	Вісім
Eighteen	Вісімнадцять
Fifteen	П'Ятнадцять
Five	П'Ять
Four	Чотири
Fourteen	Чотирнадцять
Nine	Дев'Ять
Nineteen	Дев'Ятнадцять
One	Один
Seven	Сім
Seventeen	Сімнадцять
Six	Шість
Sixteen	Шістнадцять
Ten	Десять
Thirteen	Тринадцять
Three	Три
Twelve	Дванадцять
Twenty	Двадцять
Two	Два

Nutrition
Харчування

Appetite	Апетит
Balanced	Збалансований
Bitter	Гіркий
Calories	Калорій
Carbohydrates	Вуглеводів
Diet	Дієта
Digestion	Травлення
Edible	Їстівний
Fermentation	Бродіння
Flavor	Аромат
Habits	Звички
Health	Здоров'Я
Healthy	Здоровий
Nutrient	Поживний
Proteins	Білки
Quality	Якість
Sauce	Соус
Toxin	Токсин
Vitamin	Вітамін
Weight	Вага

Ocean
Океан

Algae	Водоростей
Coral	Кораловий
Crab	Краб
Dolphin	Дельфін
Eel	Вугор
Fish	Риба
Jellyfish	Медуза
Octopus	Восьминіг
Oyster	Устриця
Reef	Риф
Salt	Сіль
Shark	Акула
Shrimp	Креветки
Sponge	Губка
Storm	Буря
Tides	Припливи
Tuna	Тунець
Turtle	Черепаха
Waves	Хвилі
Whale	Кит

Philanthropy
Благодійність

Challenges	Проблеми
Charity	Благодійність
Children	Діти
Community	Громада
Contacts	Контакти
Finance	Фінанси
Funds	Кошти
Generosity	Щедрість
Global	Глобальний
Goals	Цілі
Groups	Групи
History	Історія
Honesty	Чесність
Humanity	Людство
Mission	Місія
Need	Потреба
People	Люди
Programs	Програми
Public	Громадський
Youth	Молодь

Physics
Фізика

Acceleration	Прискорення
Atom	Атом
Chaos	Хаос
Chemical	Хімічні
Density	Щільність
Electron	Електрон
Engine	Двигун
Expansion	Розширення
Formula	Формула
Frequency	Частота
Gas	Газ
Magnetism	Магнетизм
Mass	Маса
Mechanics	Механіка
Molecule	Молекула
Nuclear	Ядерний
Particle	Частинка
Relativity	Відносність
Universal	Універсальний
Velocity	Швидкість

Plants
Рослини

Bamboo	Бамбук
Bean	Квасоля
Berry	Ягода
Botany	Ботаніка
Bush	Кущ
Cactus	Кактус
Fertilizer	Добриво
Flora	Флора
Flower	Квітка
Foliage	Листя
Forest	Ліс
Garden	Сад
Grass	Трава
Ivy	Плющ
Moss	Мох
Petal	Пелюстка
Root	Корінь
Stem	Основа
Tree	Дерево
Vegetation	Рослинність

Professions #1
Професії #1

Ambassador	Посол
Astronomer	Астроном
Attorney	Адвокат
Banker	Банкір
Cartographer	Картограф
Coach	Тренер
Dancer	Танцюрист
Doctor	Лікар
Editor	Редактор
Geologist	Геолог
Hunter	Мисливець
Jeweler	Ювелір
Musician	Музикант
Nurse	Медсестра
Pianist	Піаніст
Plumber	Сантехнік
Psychologist	Психолог
Sailor	Моряк
Tailor	Кравець
Veterinarian	Ветеринар

Professions #2
Професії #2

Astronaut	Астронавт
Biologist	Біолог
Dentist	Стоматолог
Detective	Детектив
Engineer	Інженер
Farmer	Фермер
Gardener	Садівник
Illustrator	Ілюстратор
Inventor	Винахідник
Journalist	Журналіст
Librarian	Бібліотекар
Linguist	Лінгвіст
Painter	Художник
Philosopher	Філософ
Photographer	Фотограф
Physician	Лікар
Pilot	Пілот
Surgeon	Хірург
Teacher	Вчитель
Zoologist	Зоолог

Psychology
Психологія

Appointment	Призначення
Assessment	Оцінка
Behavior	Поведінка
Childhood	Дитинство
Clinical	Клінічний
Cognition	Пізнання
Conflict	Конфлікт
Dreams	Мрії
Ego	Его
Emotions	Емоції
Ideas	Ідеї
Perception	Сприйняття
Personality	Особистості
Problem	Проблема
Reality	Реальність
Sensation	Відчуття
Subconscious	Підсвідомості
Therapy	Терапія
Thoughts	Думки
Unconscious	Несвідомий

Restaurant #2
Ресторан #2

Beverage	Напій
Cake	Торт
Chair	Крісло
Delicious	Смачний
Dinner	Вечеря
Eggs	Яйця
Fish	Риба
Fork	Вилка
Fruit	Фрукт
Ice	Лід
Lunch	Обід
Noodles	Локшина
Salad	Салат
Salt	Сіль
Soup	Суп
Spices	Спеції
Spoon	Ложка
Vegetables	Овочі
Waiter	Офіціант
Water	Вода

Science
Наукова

Atom	Атом
Chemical	Хімічні
Climate	Клімат
Data	Дані
Evolution	Еволюція
Experiment	Експеримент
Fact	Факт
Fossil	Викопний
Gravity	Гравітація
Hypothesis	Гіпотеза
Laboratory	Лабораторія
Method	Метод
Minerals	Мінерали
Molecules	Молекули
Nature	Природа
Organism	Організм
Particles	Частинки
Physics	Фізика
Plants	Рослини
Scientist	Вчений

Science Fiction
Наукова Фантастика

Atomic	Атомний
Books	Книги
Chemicals	Хімікалії
Cinema	Кіно
Clones	Клони
Dystopia	Антиутопія
Explosion	Вибух
Fantastic	Фантастичний
Fire	Вогонь
Futuristic	Футуристичний
Galaxy	Галактика
Illusion	Ілюзія
Imaginary	Уявний
Mysterious	Таємничий
Oracle	Оракул
Planet	Планета
Robots	Роботи
Technology	Технологія
Utopia	Утопія
World	Світ

Scientific Disciplines
Наукові Дисципліни

Anatomy	Анатомія
Archaeology	Археологія
Astronomy	Астрономія
Biochemistry	Біохімія
Biology	Біологія
Botany	Ботаніка
Chemistry	Хімія
Ecology	Екологія
Geology	Геологія
Immunology	Імунологія
Kinesiology	Кінезіологія
Linguistics	Лінгвістика
Mechanics	Механіка
Mineralogy	Мінералогія
Neurology	Неврологія
Physiology	Фізіологія
Psychology	Психологія
Sociology	Соціологія
Thermodynamics	Термодинаміка
Zoology	Зоологія

Shapes
Форми

Arc	Дуга
Circle	Коло
Cone	Конус
Corner	Кут
Cube	Куб
Curve	Крива
Cylinder	Циліндр
Ellipse	Еліпс
Hyperbola	Гіпербола
Line	Лінія
Oval	Овальний
Polygon	Багатокутник
Prism	Призма
Pyramid	Піраміда
Rectangle	Прямокутник
Round	Круглий
Side	Бік
Sphere	Сфера
Square	Площа
Triangle	Трикутник

Spices
Спеції

Anise	Аніс
Bitter	Гіркий
Cardamom	Кардамон
Cinnamon	Кориця
Clove	Гвоздика
Coriander	Коріандр
Cumin	Кмин
Curry	Каррі
Fennel	Фенхель
Flavor	Аромат
Garlic	Часник
Ginger	Імбир
Licorice	Солодка
Onion	Цибуля
Paprika	Паприка
Pepper	Перець
Saffron	Шафран
Salt	Сіль
Sweet	Солодкий
Vanilla	Ванілі

Sport
Спорт

Ability	Здатність
Athlete	Спортсмен
Body	Тіло
Bones	Кістки
Coach	Тренер
Dancing	Танці
Diet	Дієта
Endurance	Витривалість
Goal	Мета
Health	Здоров'Я
Jogging	Біг
Maximize	Максимізувати
Metabolic	Метаболічний
Muscles	М'Язи
Nutrition	Харчування
Program	Програма
Sports	Спорт
Strength	Сила
Stretching	Розтягування
To Swim	Плавати

The Company
Компанія

Business	Бізнес
Creative	Творчий
Decision	Рішення
Employment	Зайнятість
Global	Глобальний
Industry	Промисловості
Innovative	Інноваційний
Investment	Інвестиції
Possibility	Можливість
Presentation	Презентація
Product	Продукт
Professional	Професійний
Progress	Прогрес
Quality	Якість
Reputation	Репутація
Resources	Ресурси
Revenue	Дохід
Risks	Ризики
Trends	Тенденції
Units	Одиниць

Time
Час

Annual	Щорічний
Before	До
Calendar	Календар
Century	Століття
Clock	Годинник
Day	День
Decade	Десятиліття
Early	Ранній
Future	Майбутнє
Hour	Година
Minute	Хвилина
Month	Місяць
Morning	Ранок
Night	Ніч
Noon	Полудень
Now	Зараз
Soon	Скоро
Today	Сьогодні
Week	Тиждень
Year	Рік

Town
Місто

Airport	Аеропорт
Bakery	Пекарня
Bank	Банк
Cafe	Кафе
Cinema	Кіно
Clinic	Клініка
Florist	Флорист
Gallery	Галерея
Hotel	Готель
Library	Бібліотека
Market	Ринок
Museum	Музей
Pharmacy	Аптека
School	Школа
Stadium	Стадіон
Store	Магазин
Supermarket	Супермаркет
Theater	Театр
University	Університет
Zoo	Зоопарк

Universe
Всесвіт

Asteroid	Астероїд
Astronomer	Астроном
Astronomy	Астрономія
Atmosphere	Атмосфера
Celestial	Небесний
Cosmic	Космічний
Darkness	Темрява
Eon	Еон
Galaxy	Галактика
Hemisphere	Півкуля
Horizon	Горизонт
Latitude	Широта
Moon	Місяць
Orbit	Орбіта
Sky	Небо
Solar	Сонячний
Solstice	Сонцестояння
Telescope	Телескоп
Visible	Видимий
Zodiac	Зодіак

Vacation #2
Відпустка #2

Airport	Аеропорт
Beach	Пляж
Camping	Кемпінг
Destination	Призначення
Foreign	Іноземний
Foreigner	Іноземець
Holiday	Свято
Hotel	Готель
Island	Острів
Journey	Подорож
Leisure	Дозвілля
Map	Карта
Mountains	Гори
Passport	Паспорт
Sea	Море
Taxi	Таксі
Tent	Намет
Train	Поїзд
Transportation	Транспорт
Visa	Віза

Vegetables
Овочі

Artichoke	Артишок
Broccoli	Броколі
Carrot	Морква
Celery	Селера
Cucumber	Огірок
Eggplant	Баклажан
Garlic	Часник
Ginger	Імбир
Mushroom	Гриб
Olive	Оливка
Onion	Цибуля
Parsley	Петрушка
Pea	Горох
Pumpkin	Гарбуз
Radish	Редис
Salad	Салат
Shallot	Шалот
Spinach	Шпинат
Tomato	Помідор
Turnip	Ріпа

Vehicles
Автомобілі

Airplane	Літак
Bicycle	Велосипед
Boat	Човен
Bus	Автобус
Car	Автомобіль
Caravan	Караван
Engine	Двигун
Ferry	Пором
Helicopter	Вертоліт
Motor	Мотор
Raft	Пліт
Rocket	Ракета
Scooter	Скутер
Shuttle	Човник
Subway	Метро
Taxi	Таксі
Tires	Шини
Tractor	Трактор
Train	Поїзд
Truck	Вантажівка

Water
Вода

Canal	Канал
Drinkable	Питний
Evaporation	Випаровування
Flood	Повінь
Frost	Мороз
Geyser	Гейзер
Humidity	Вологість
Hurricane	Ураган
Ice	Лід
Irrigation	Зрошення
Lake	Озеро
Moisture	Вологі
Monsoon	Мусон
Ocean	Океан
Rain	Дощ
River	Річка
Shower	Душ
Snow	Сніг
Steam	Пар
Waves	Хвилі

Weather
Погода

Atmosphere	Атмосфера
Breeze	Бриз
Climate	Клімат
Cloud	Хмара
Drought	Посуха
Dry	Сухі
Fog	Туман
Hurricane	Ураган
Ice	Лід
Lightning	Блискавка
Monsoon	Мусон
Polar	Полярний
Rainbow	Веселка
Sky	Небо
Storm	Бур
Temperature	Температура
Thunder	Грим
Tornado	Торнадо
Tropical	Тропічний
Wind	Вітер

Congratulations

You made it!

We hope you enjoyed this book as much as we enjoyed making it. We do our best to make high quality games.
These puzzles are designed in a clever way for you to learn actively while having fun!

Did you love them?

A Simple Request

Our books exist thanks your reviews. Could you help us by leaving one now?

Here is a short link which will take you to your order review page:

BestBooksActivity.com/Review50

MONSTER CHALLENGE!

Challenge #1

Ready for Your Bonus Game? We use them all the time but they are not so easy to find. Here are **Synonyms**!

Note 5 words you discovered in each of the Puzzles noted below (#21, #36, #76) and try to find 2 synonyms for each word.

Note 5 Words from ***Puzzle 21***

Words	Synonym 1	Synonym 2

Note 5 Words from ***Puzzle 36***

Words	Synonym 1	Synonym 2

Note 5 Words from ***Puzzle 76***

Words	Synonym 1	Synonym 2

Challenge #2

Now that you are warmed-up, note 5 words you discovered in each Puzzle noted below (#9, #17, #25) and try to find 2 antonyms for each word.
How many lines can you do in 20 minutes?

Note 5 Words from ***Puzzle 9***

Words	Antonym 1	Antonym 2

Note 5 Words from ***Puzzle 17***

Words	Antonym 1	Antonym 2

Note 5 Words from ***Puzzle 25***

Words	Antonym 1	Antonym 2

Challenge #3

Wonderful, this monster  challenge is nothing to you!

Ready for the last one? Choose your 10 favorite words discovered in any of the Puzzles and note them below.

1.	6.
2.	7.
3.	8.
4.	9.
5.	10.

Now, using these words and within a maximum of six sentences, your challenge is to compose a text about a person, animal or place that you love!

Tip: You can use the last blank page of this book as a draft!

Your Writing:

NOTEBOOK:

SEE YOU SOON!

Linguas Classics Team

www.ingramcontent.com/pod-product-compliance
Lightning Source LLC
Chambersburg PA
CBHW082156120626
46553CB00010B/2913
9798896707905